公园记

阿毛——著

HAN BOOK 版
WUHAN
PUBLISHING HOUSE
武汉出版社

(鄂)新登字08号
图书在版编目(CIP)数据

公园记 / 阿毛著. — 武汉 : 武汉出版社, 2024.5
ISBN 978-7-5582-6592-1

Ⅰ. ①公… Ⅱ. ①阿… Ⅲ. ①诗集—中国—当代 Ⅳ. ①I227

中国国家版本馆CIP数据核字（2024）第 047613 号

公园记

著　　者：阿　毛
责任编辑：管一凡
助理编辑：王　玥
封面设计：刘　蕾　毛　煜
内文绘图：许　祺
出　　版：武汉出版社
社　　址：武汉市江岸区兴业路136号　　邮　　编：430014
电　　话：(027) 85606403　85600625
http://www.whcbs.com　　E-mail: whcbszbs@163.com
印　　刷：武汉新鸿业印务有限公司　　经　　销：新华书店
开　　本：787 mm×1092 mm　1/16
印　　张：23　　字　　数：270千字
版　　次：2024年5月第1版　2024年5月第1次印刷
定　　价：68.00元

光与影各不同（自序）

2020年底，我受长江日报韩玉晔女士的邀请，着手主持公园公共空间诗歌展。2021年1月24日上午，一场名为“温暖冬日为你读诗”的解放公园版读诗会如期而至。我以已经展出的诗歌为依托和背景，与诗人夜鱼、熊曼、梁玲一起漫步在长江日报一众美女的摄像机里——我们在观看了公园的诗歌展之后，分别在公园的作家书屋、湖边、亭子里朗读了部分展出的诗歌……

这次暖心的读诗会，直接催生了我的一首名为《解放公园读诗》的诗歌，这首诗的产生又直接激发了我的另一个灵感——为公园写诗，为武汉的每一座公园写一首诗。想到就做到，我很快请我在文旅局工作的大学同学孙颖发来一份武汉公园名册，然后开始有计划地行走于武汉的各大公园。我常常在工作日对照公园名册，以区为范围提前做好攻略，周末就开始实地考察，并于当日或次日成诗，寒暑两季更是坚持不懈。就这样，一直到今年年初，我不仅完成了对武汉最新版统计在册的八十多座公园的考察与诗歌写作，还连带考察了武汉十三区中不在市级版名册的各大公园以及沿途的一些景点。要特别说明的是，我的先生陈斐充当了我考察公园时的路书、导航仪、方向盘和摄影师……有很多公园，包括一些顺路的景点都是他推荐给我的，甚至有几首诗中带引号的句子直接来自他的话或者我们的对话。在创作这些诗歌时，我所做的就是把自己看到的、听到的、感受到的写进诗中。这些诗或写就于公园及回程的小车后座上，或写就于回味当日在微信里定位发出的公园照片之后，因此这部诗集里的诗特别接地气，特别有在场感与画画感。

我基本上是以武汉的十三区为定位范围来考察公园的，但在将相关诗歌编辑成册的过程中，考虑到按区分辑则辑数太多，所以最后按大汉口区域、大汉阳区域、大武昌区域分了三辑。这三辑除了收录近几年创作的公园诗歌之外，还对应收录了这些年创作的以武汉为地理的部分诗歌。可以说，这部分诗歌不但不影响这本诗集成为武汉三镇的公园诗歌地理，反而更丰富了其内涵。

您若读到这本《公园记》，就是遇到一位深爱武汉的诗人以她的深情厚意，以她独特的语感语调、节奏力量，在带您游览武汉的每一座公园、热爱武汉的每一座公园。

就像诗歌《汉阳树》写到的："看遍汉阳树 / 光与影各不同 / 陌生人，走一走晴川阁的蜿蜒路 / 像爱故人一样爱你见到的汉阳树。"

在此，感谢长江日报的韩玉晔女士和她的美女团队，感谢武汉市文联的领导，感谢著名作家池莉主席、著名作家李修文主席，还要特别感谢著名诗人张执浩院长——我的领导、老师和兄长，他对这本书的目标受众和手绘插页等给出了很好的建议，感谢我的大学同学、文旅局的孙颖女士，当然还要感谢我的先生陈斐，感谢武汉出版社——正是他们的启发、帮助和指导，共同玉成了这本书！

阿毛

2024 年春于武昌街道口

目　录

Ⅰ 汉 口

Ⅱ 汉 阳

Ⅲ 武 昌

I 汉口

良友红坊
府河郊野公园
堤角公园
梦湖花园
汉口碉堡群
古德寺
江滩公园
武汉天地
长江二桥
解放公园
宝岛公园
喷泉公园
小南湖公园
黎黄陂路
咸安坊
船长9号

解放公园读诗

今天我够着了
天上的白云
亲吻了
消失在去年今日的
爆米花
和棉花糖

书里的乌托邦与理想国
在时见鹿的玻璃橱窗里

我，经过你
避免碰撞与直视

水鸟回到清澈的湖面
替我亲吻了远去的背影
风吹过沉默的屋顶
替我朗读了解放的诗句

我看到了也听到了
但我要
提笔去见
将至的暴风雨

2021 年 1 月 24 日

宝岛公园

可以 360 度观看龙虎塔
但不可以走近
更不可攀登

类似于海水
360 度环绕宝岛
但不能上岸

封锁线之外的钓鱼者和清洁工
他的钓鱼竿、渔线
和他的小船
是可以接近塔的自由者

更自由的
还有飞类：鸟、蜻蜓、蝴蝶

至于台北路、高雄路
还有香港路
都只是围绕宝岛公园的
路名

2021 年 4 月 29 日

由宝岛公园想到的

很多人
首先想到的自然是

台湾

未曾去过的我
想的最多的
是我们从没见过的

堂伯父

（他青年时期去了台湾）
关于他或他的家人
成为父辈失联的

一脉

如果寻出来
他们是毛氏家族
再亲不过的

亲人

后来又添上了诗和诗人
比如刘菲、余光中、涂静怡、颜艾琳

可颂过乡愁的人
不再写

乡愁

绕湖三周也不写
我画
我画宝岛和耸立于宝岛之上的

龙虎塔

签名中国于鲩子湖
邻台北路、台北二路和高雄路

2021 年 3 月 28 日

喷泉公园

视频里
金融大厦的夜灯光
居民楼的后阳台
看着它的
五彩缤纷与
摇曳多姿

而我是白天涉江而来的采风者
心有灵犀
刚落座亲水平台的椅子上
喷泉就开了

尽管白天的喷泉只是白色
但却是摇曳多姿的
白色

2021 年 4 月 29 日

小南湖

这个闹市中最小的湖
遇到暮春穿旧风衣的我

环湖一周
穿过垂丝海棠、紫竹丛
从它家居一样隐闭的小门
回到车水马龙的街上
准备乘网约车回武昌
可手机因没电而关机
也关闭了我的云导航与云支付

我无奈的左手遇到左口袋里一枚一分的硬币——
它两面的国徽与麦穗、发行年份

此时
我有满额的网银、一分的现金
但仍身无分文
这不是病句，是事实

是大街上的事实
让我折回湖边
绕湖数圈

2021 年 4 月 29 日

梦　湖

叫梦湖的太多了
你家后面的这个更特别吗？
何故塑了猫头鹰和猎犬把守？

还有数只朝天张着嘴的瓷蛙
就像古时地动仪下的蟾蜍

如果你知道月球正面的东北角
有个真正的梦湖
会不会在它落入你的湖底时
你和你的瓷蛙扑通跳下水

2021 年 4 月 17 日

汉口碉堡群

我用形色
和碉堡脚边的白色伞形花
确认过眼神
这的确是蛇床

穿汉服的女孩
摘了一捧蛇莓
给她穿凉鞋的妈妈拍抖音

视频剪辑了
栖在枪眼的蝴蝶
和构树下绕过蜈蚣车队的蚂蚁大军

因为好看的月季
她又忘了野生的蔷薇
和花叶蔓长春

后来补上湖心岛飘扬的旗子
和风筝

2021 年 4 月 17 日

府河郊野公园

在钻石公园的东门
遇到戴薄膜帽子的火棘、柞木、樱桃树

她们摘了几碗桑椹、几碗樱桃
放在大滨菊挨着的赛车上

紫色酢浆草、蓝色婆婆纳
看着半空的红帽
高空的风筝

孩子们的草地午餐
摇曳着光影和花香

我在帐篷里
观测两个大堤夹着的这粒钻石的光泽

“亲，过来吃火锅！”
朋友以为我到了成都

2021 年 4 月 17 日

和母亲逛堤角公园

最安静的是：
母亲在健身场边椅上的坐姿和我在诗歌长廊里的读诗

最热闹的是游乐场：
左边狂车飞舞、右边金龙滑车
前面旋转木马、后面战鲨鱼岛
我的母亲前后左右看不停，半天才肯坐下来歇一下

其次是花坡的女人秀：
她们依次挎着花篮，莺歌燕舞拍抖音

而最醒目的是：
菊花桃的玫红与我母亲银发的对比
倒映在水帘洞的河面上

坐在石猴头上的孩子抛了个绿绣球
游在水里的红云和白云之上
调皮的鱼跳出来，吃风送过来的花瓣

岸边的樱花树下
姐姐吹走妹妹的肥皂泡和蒲公英

唱晚亭里咿呀呀的戏曲，让母亲又入了一会迷

2021 年 3 月 27 日

在良友红坊听茶

中午之后
花草亭漏雨的花旁
站着几个锡色人
对街坐着的石雕
看着裸着锈身的骑车人

铜艺淑女屋的赏月
车载音乐
看着文创房的涂鸦
方言
俚语
“你的非主流女孩飞行！”

今午之后
特殊时期的哲学与茶室
盛行

你有你的名利场
我有我的陶渊明——
南山、竹篱、菊花

2022 年 1 月 20 日

古德寺所见

露脐装、超短裙、勾肩搭背者禁入
但古德寺仍成为
时尚 T 台
恋人秀场

“他们是有求的！”
高香、祈福带
在不矜持的镜头里亦是道具

少数人以跪拜双膝与扫描二维码
表达虔诚
恭奉香火的场景
在自拍或他拍的抖音里
像前世

只有坐在荷花亭边的女孩
转动着手腕上的丝带、佛珠
口中喃喃自语：
“所愿成真，所愿成真，所愿成真……”

佛脚，或伫立的风
为寺香染上世俗而羞愧

2023 年 6 月 3 日

武汉天地

酷爱
夜行计划的新天地
有北边永清前世的记忆库与清醒纪
有南边无法搬迁的坐标与租界

白天的
婚礼预约
或亲子互动
……
只是前戏
只是引玉

烟花炫丽的名利场
夜演着顶极富豪与顶流小资
他们可以入海
可以摘月
可以给 270 度的江景房系上领带或风筝

而更多的人
面对
与楼等高的钢铁玫瑰、冲天光束……预约的夜生活
如观影

2023 年 6 月 3 日

走在黎黄陂路上

走在艳阳的、微雨的、飘雪的
黎黄陂路
似走在前世、故园、前景里
邂逅相同面孔的不同自己
在眼花缭乱的露天博物馆里
似陌生客、梦游神

无数个我
操一把牛同兴剪刀
剪去遮目的前刘海
观被当下包裹的前尘往事
为逝者故园的菊花
辑一腔后现代的哀阳或雨雪

2023 年 10 月 27 日

咸安坊

国风、汉味的大艺术家
变身为国际范、本土化的混搭

看梵·高、达利、弗里达
不需陪同
看萧红
不必验证：你是否是第二代萧红？

漏笔的黄金时代
拥挤着打卡的网红
碰碰车
孩子们过家家的头巾或发饰

被绿苹果挡住脸的人类之子立在侧门
戴珍珠耳环的少女
卧在屋顶

有必要擦去翻修后的重漆
恢复咸安坊的旧影和你

2023 年 10 月 27 日

船长 9 号

爱游泳的人
有做鱼的梦想
爱航行的人
揣着航海的梦想登上船长 9 号

而这是两江游
不是打码的航海志

长江敞开右胸的衣襟
迎接从汉水漂来的出生地

甲板上古戏的莲花碎步与咿呀唱腔
换上激情踢踏与探戈

刚刚是同学会
现在是婚礼、时装秀

水手报数 ~
给船长 9 号

2023 年 10 月 27 日

从芦苇丛到咖啡馆

江边的芦苇在学者那里是诗人，
在诗人那里是学者。

此刻它们既思想又诗意：熄掉烟，
不放野火！——多么优雅！

风不吹，它们都相爱：
手牵着手，脑袋偎着脑袋。

波浪般起伏的怀抱，
等同于诗歌的美学。

咖啡馆里，一双感性之手
打开一本理性之书。

火花噼啪起舞，
令坚硬的思想钻石般夺目。

2008 年 12 月 26 日

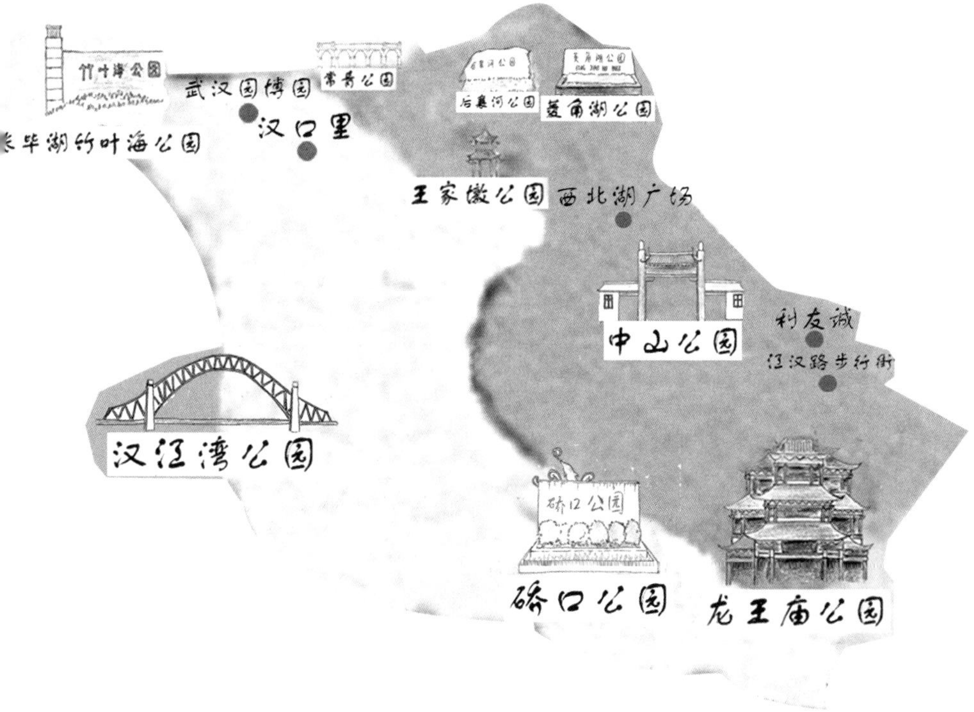
竹叶海公园
毕湖竹叶海公园
武汉园博园
汉口里
常青公园
后襄河公园
菱角湖公园
王家墩公园
西北湖广场
中山公园
利友诚
江汉路步行街
汉江湾公园
硚口公园
硚口公园
龙王庙公园

龙王阁

从四面拍龙王阁
阁里有两尊根雕龙王
身后有旋转楼梯

由龙王阁登高
望两江水
及它们清浊的分界线
看拜伏于
它左右及身后的
鞋城、香樟
和幼儿园

打扣巷的成衣
源自民国
但这里发散出去的服饰
覆盖了所有的楚河汉域

是的，最美的母衣模板
还是这龙王庙俯瞰下
浩浩汤汤漂流着的
青灰对襟衣

2021 年 3 月 27 日

西北湖

不是一个叫西北湖
的湖
是相邻的西湖和北湖
的简称

关于西湖
我想强调它北边的
德芭与彩虹书店
我在它临水的窗边
喝了杯滚烫的红枣柚子茶

而关于北湖的最初记忆
是三十年前
湖边一个地级市的驻汉办事处
那里曾短暂地住过一位
每周数次往返于
汉口和孝感的诗人
他写过知名的校园诗
后来莫名地隐匿
不知所往

2021 年 4 月 29 日

王家墩公园

中央广场上走过喊口号的新兵

镂空屏挂着吊嗓者的萨克斯和西装
观景亭有吹拉弹唱的乐队和自拍的舞者

峡谷走廊边的密林
吹风器堆着落叶

曾经相望的红叶樟和紫叶李借风私奔：

“我们去哪里？同创桥还是醉花谷？
保持本色，避开被施药的事物。”

跳过油麻藤的落地紫花
和青石板上的提示标牌

青橘学院少儿主播门口
蹲着一只发愣的黄猫

植物更换中
恭请新出场的少女甘蓝
再认一遍就要退场的仙客来

2021 年 4 月 26 日

菱角湖

晨起
风向有变

但它沿袭了
昨天的曲风
和顺时针

主播随小鸟一起
到湖边唱歌

这很好
春天开各色花
有各种美好

2021 年 4 月 29 日

后襄河

它有立交桥、火车站和博物馆的
外围

和河水额头
芦苇刘海、倒影睫毛、木船眼线

蓝天的清澈脸颊
白云鼻子、彩虹嘴巴

博物馆的警犬和监控
顺带守住襄河人家的古意与花境

我是襄河边长大的女儿
好奇于此“后”

果然是古襄河改道后的
部分遗存

虽被固定了形状和流程
但却保留了古襄河的血统和姓氏

2021 年 4 月 26 日

常青记

是游园
也是一部手机的
无限虚拟

是人畜共戏
是滤镜里的直播
烘托的
画卷
与和谐图

是咿呀呀的水边戏台的古风
靠着钓鱼台的烟火气

这边爷爷和孙女的对屏舞
那边一家四口的
电子琴音与旋转木马

我也对着巨大的 VR 互动屏
挥了一下手指
拷贝了一套太极

2021 年 12 月 18 日

中山公园小坐有感

从展览馆的手工店
取来个性版服装

于中山公园小坐
拍微信公众号需要的肖像

看到着装统一的
幼儿、少年、白领团队……

我庆幸自己一直是小众
是不穿制服的

自由派

2021 年 3 月 16 日

青年节在中山公园读诗

这座公园有耀眼的光芒
和树荫
我是说晴天
当然，雨天时它也很耀眼
因为总是有热闹的人群

我们在青年节这天
在十八座亭子里
朗读了十八首关于青春的诗
通过直播传播给更多的青年

于是，公园之外的人
和这些路过我们、观看我们的人一并
朗读了亭子间的诗

2022 年 5 月 4 日

去利友诚的路上遇雪

去利友诚的路上，经过我们初遇时的
街口
公园

飘着一场鹅毛大雪

恣意的凛冽与瓷白、不舍的回眸与留言
覆盖着浓缩版的老武汉：

桂子山
昙华林
老汉口
老冰棍
荷花牌洗衣机
磁带
……

旧时光
铺满利友诚的往事、沉浸式的互动剧本杀

你们看，雪触地即逝
而我们永生

2022 年 1 月 20 日

得以永生的江汉路步行街

项链的西红柿炒鸡蛋
配以
橘子汽水大芬达的耳饰
浅棕色头发上
芭比粉的蕾丝花朵与蝴蝶结

冷暖两色对冲款式
吊带裙

把玲珑狗放入荧光绿的通勤包里
面无表情地跟着声音清亮的人字拖

当你们在江汉路步行街
碰到一位如上打扮的卡哇伊女孩
请送她一件保暖的风衣

“秋天来了，入手毛衣链是一件急不可待的事情了！”

她路过的主播声音恳切
而这个酷爱过很多首饰的女孩
再无其他季节、其他饰品

“她这么炽烈而无感地悲伤　是没有了场控！”

2022 年 10 月 7 日

硚口公园

漫步、唱戏的老者
一度惊讶于铁栅栏和门角的花蔓：
“它们不是蔷薇，是蔷薇的表亲七姊妹；
大朵花不是玫瑰，是玫瑰的远亲月季。”

都有美好的样子
比如：
健康主题广场与桂花亭之间
爬在尚和书院起伏围墙上的花朵

我走过书院的酒红色铁门
透过围墙上的镂窗
看到内院的竹林、根雕和落地小风车

爬上高于花墙的假山
看到书院的景深
和花丛中追逐的小鸟或蝴蝶

并没有先生和朗朗童音
围墙外的市景声浪
盖过了这里的静谧

2021 年 4 月 22 日

雨中游汉江湾体育公园

两艘货轮
于江汉桥下汉水拐弯的地方擦肩而过
岸边垂钓者
抽着烟注视水面
而岸上伫立的人
发呆或吊嗓

我在找将所有这一切摄入镜头的最佳机位
不想踩着了绿毯上的苜蓿花、酢浆草和对叶莲

身后的芦苇荡
此时是顾不上了
秋天我再来爱它
爱它的白茫茫和金黄

汉江飞场旁
坐着一位穿雨衣的人
他今天的晨练
由场外球类改为雨中兜圈——
“绕汉江湾体育公园三周的长度
是个‘半马’！”

2021 年 4 月 22 日

张毕湖竹叶海

从张毕湖过来的旅行口罩
过八仙园
邂逅金丝桃树上的
金线蝴蝶
和绣球花的童年

再走半里是竹叶海
“两个公园在一起，
就是湖海在一起！”

今天的两万步
都花在张公堤
紫藤和油麻藤的拱廊

路遇的每一种花草
都有好听的别名
比如长一圈眼睛的泽漆
又称五凤草、五朵云……

所以，我摸到的不是你
是两亿年前的一块化石

2021 年 4 月 17 日

武汉园博园

他们用半天跑完全世界
扫描亘古以来的地质变化和人类文明

而我只纠结于
长江园里石刻上的细节

雕刻者在逆风中落下的刀
吞噬着更多的
哑嗓和头帽

我拍下乌篷船旁的铜莲
摇晃展馆里的光斑和露珠
在古琴旁拨动电音
再揣一颗沉默的石子
以 N 种语言、唱腔穿越
时空一点一面与它们的所有相遇

傍晚，轻风吹干雨丝
白云变成玫瑰云

众鸦撞向灯光和玻璃墙
在武汉

2015 年 10 月 13 日

被预约的汉口里

答应过晴天不走那段石板路
不穿汉服、旗袍
只拍穿亲子运动装的
你们
蹦蹦跳跳

今天微雨
背绣包的你
打着油纸伞
走无尽的回首路

摇滚、民谣
尖声、绵音
虎豹、羊群
涌入不断拉升的直播里
那里有被无限重叠的建筑和脸

2023 年 12 月 7 日

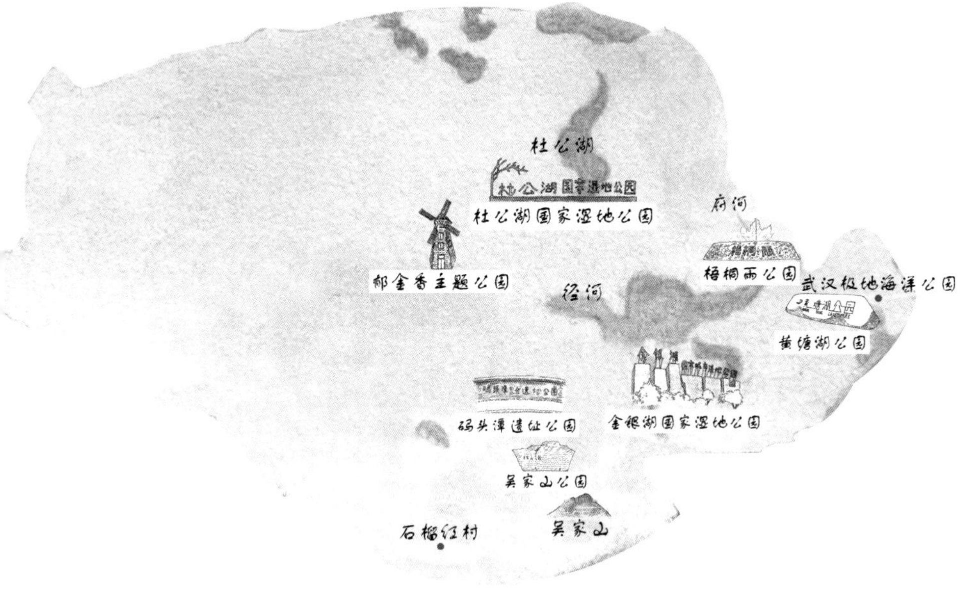
杜公湖
杜公湖国家湿地公园
府河
郁金香主题公园
梧桐雨公园
径河
武汉极地海洋公园
黄塘湖公园
码头潭遗址公园
金银湖国家湿地公园
吴家山公园
石榴红村
吴家山

金银湖公园

金湖边的树木顶着鸟巢
银湖边的树木顶着鸟巢

你在金银湖畔的高层小区
俯瞰到更多的鸟巢和鸟群

你的练声
开始似枪响
现在和着鸟群的合唱

更多的湖边午餐和着祖训：
“只要你愿意，
就能透过太阳和月亮的双眼
看到湖水的金银。”

所以鱼虾是富有的
吹过你的清风也是

2021 年 3 月 15 日

码头潭遗址公园

靠近地铁站的拱桥
适合循望

被驻守的遗址上
有原始木、断城墙、秘密花和纸飞机

时髦的文旅小镇
有风吹檐铃的叮当声

青石砌的半圆形台阶
和码头潭合围的戏台
上演悲喜剧与自然课堂

不要大叫吓走蝌蚪、对虾和鱼
也不要搭帐篷放风筝

从五环体育场边的花树上
飞向最高塔的喜鹊
和三位穿校服的少年对视了几秒
各自离开

2021 年 4 月 11 日

吴家山闻道

突然明白多年来的一个道理：
人们喜爱的都是熟悉的人
观赏的都是陌生的花

“那么，在这座吴家山公园
是不是有一种吴姓的花？”
我走到五环广场
也没打听到

风筝上挂着的小纸条
托风问了每一种花的芳名
并祝每一位芳香小姐
爱熟悉的人
也爱陌生人

2021 年 4 月 11 日

吴家山公园碉堡周围所见

八角金盘上的碉堡影子
滴落在大吴风草与透茎冷水花上
两个孩子轻声读着石碑上的文字

门已封上几十年
枪眼也堵住了

让樟树折断的
不是风，不是子弹
而是白蚁
或利齿的啄木鸟

“我闻到了兰花香，
却未见兰花草。”

小学生双胞胎在爬山
高中生双胞胎在备考

又一队蚂蚁军团过来了
它们要找什么？

2021 年 4 月 18 日

石榴红村的野菜

春天的石榴树
尚没开花
草莓是这儿的当家花旦
是长着雀斑粉刺的小可爱
但在我的蔬菜瓜果链里
草莓是无法清洗干净的大路货
所以我更喜欢水果黄瓜

有一个三口之家
把一个菜棚的黄瓜都摘了
只剩下小黄花

我到菜市场
挑选了
地鲜、泥笋、野茼蒿、水芹菜

这些非石榴红村棚屋的野菜
有一个我爱的籍贯：
生于汉江边

2021 年 4 月 18 日

郁金香主题公园

你去外省探寻的梁祝墓
并没有一双缠绵的蝴蝶

而你离开的主题花公园
却有我偏爱的坎迪王子

中午有熠熠生辉的慵懒
傍晚有瑟瑟作响的酒杯

2021 年 4 月 18 日

杜公湖湿地观测报告

于雨中的杜公湖湿地
观察植物与鸟类

先在水上木栈道科普：
刺苦草、眼子菜、菰、四角菱
金鱼藻、旱莲草、慈姑、水鳖……
后在湖边拜见：
车轴草、月见草、狼尾草、马鞭草
蜈蚣草、野菠菜、婆婆纳、披碱草……

木舟自横、飞艇腾浪
穿橘色背心的环卫工在巡湖
惊起水面的飞鸟到蛇床上压惊

灰鹤、白琵鹭、白腹鹞、白尾鹞……
在几万只鸟的合唱中

我没认出
去情侣桥相会的小天鹅

2021 年 4 月 11 日

径河边观垂钓

蓍草铺展的石磨路
安慰了垂钓者的背影和鱼竿

好奇的蝌蚪只是路过鱼饵
和航空港的投影

水边的酸模、东方香蒲下
是一条喜头鱼的最后栖地

马鞭草、狼尾草边
无狼无马
有蜈蚣火车
与蜻蜓飞机

为看一条鱼上钩
我在径河边伫立良久

2021 年 4 月 11 日

府河飞鸟

它自带美颜
又有阳光雨露的滤镜与保护色
外套或影子

垂钓者不仅是在钓鱼
更是在等鸟
以身上沉睡的那部分野性
与它们合影、私语

因为翅翼的交响
蜜蜂与蝴蝶离开了琼花的派对
而跟随了飞天舞的鸟类

2021 年 4 月 11 日

在海底看表演

终于，可以在海洋里
自由地行走了
无须借助潜水衣和氧气瓶

各种色彩与旖旎
堪比水母
和美人鱼
无须浮出水面
我们也可以亲吻几世纪

各种嬉闹与调皮
堪比白鲸
和海豚
可这伤害天性的圈养与表演
也是人畜互戏

多么和谐!
我们打玩架
爱恨隔着十公分厚的玻璃

2021 年 4 月 11 日

黄塘湖公园

新型的航空材料的门牌
肾形草、绣线菊、杜鹃花、三角梅的门童

耸立一排高压电架的湖边
开着油菜花

美女樱的花园
站立挂着领养牌的幸福树

沿阶草边的酢浆草地毯上
站着紫叶李、红叶石楠、太阳能灯

雨水冲洗闲置的共享单车和铁椅
形色将童年的鸢尾认作蒜或菖蒲

碎石路或青石板的不规则绣边
有黄叶、红叶的点彩与运动鞋的嘎吱声

花田里的七彩门或曰镜子
可以摄入不同角度的景观和你

凡此种种，令我们爱上这城市的口袋或边角料

2021 年 4 月 11 日

读初雪中的梧桐雨

二两荠菜馄饨和九段洪山菜薹
相遇在晚起诗人的青瓷碗里

是的，总有一天你会突然老去——
饱经沧桑的树轮、松泪
冬天的梧桐叶
都在刻画你的脸、手、灵魂

卧床的母亲
气息带不动坚硬的暖气片
却隐着因她而起的悲伤之音
让缺钙的人
邀请屋檐下的冰凌晒太阳
“拒绝被替代！”

无人机拍摄的梧桐雨
是冬季的初雪，是移动的雕塑，是新生的情侣

你数过所有梧桐雨之后的样子
就像读到一本书的最后一个句号后
又回过来
读了几遍目录和开头

2023年12月17日

梧桐雨的冬天来信

先开窗
再扛上甜甜圈、棒棒糖走出户外
等大雪飘过之后
邀一列虚拟火车
放上回形针的乐器
台灯的滑滑梯
去远方

比如，府河边梧桐雨飘落于
旱季之后的
水塘
倒映晒太阳的午睡
邂逅走进芦苇丛的
陌生人
小鱼和国王
熊猫网红

“你念的紧箍咒是上海爸爸的发式：
没用一点胶，全部以铜丝缠绕！"

亮闪闪的
是看护家长的流苏耳饰
也是塘边的渔网

2024 年 1 月 1 日

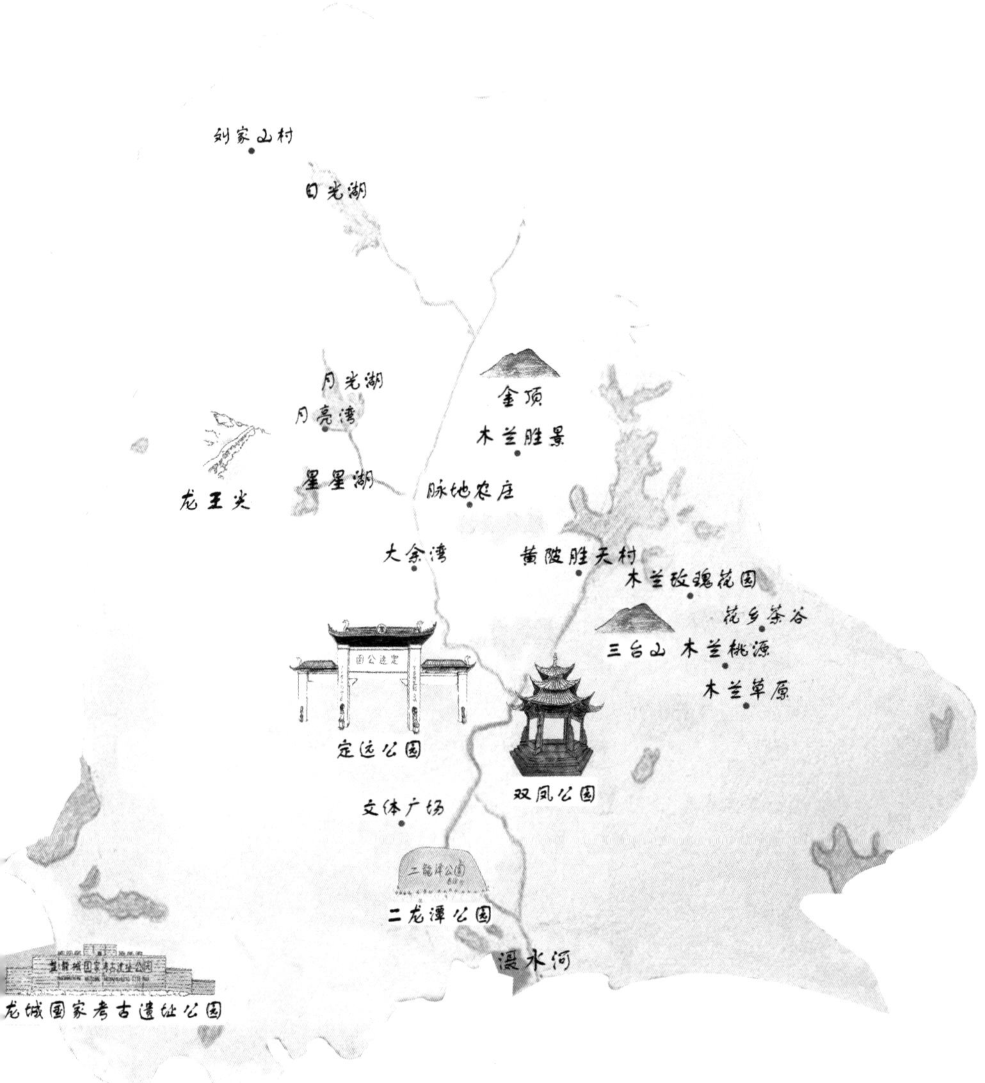
刘家山村
日光湖
月光湖
月亮湾
龙王尖
星星湖
脉地农庄
金顶
木兰胜景
大余湾
黄陂胜天村
木兰玫瑰花园
花乡茶谷
三台山
木兰桃源
木兰草原
定远公园
双凤公园
文体广场
二龙潭公园
滠水河
龙城国家考古遗址公园

致敬——

来这，是来向山水致敬——
木兰山、木兰湖

来这，是来向草原花乡致敬——
木兰草原、木兰花乡

当然，是向你致敬——
花木兰

你以前是祖辈、父辈
现在是姐妹、爱人

……我刚刚看过你的闺房
现在要去你的马场

2023 年 11 月 17 日

盘龙城国家考古遗址公园

秋天是温润的，公园在温润的中心

木梯卧在地面的金属龙身上
铁铲开始的寻根
使幽暗从裂缝透出来
个人史依附于城市的演变史

我们只需更换四季的行头、发动眼睛的扫描仪——

碎石子和黄土坡圈起的遗址上
有城墙和壕沟
玻璃展示柜里
有带着古泥土的青铜器、玉器和陶器
反衬玻璃上观者不小心留下的戒指划痕

幽默者借樽呷饮盘龙泉与黄鹤楼
调皮者视青铜马为旋转木马

园林工的除草机惊醒的想象流与蚱蜢舟
也有 3500 多岁了
穿牛仔服的诗人数着金色荷叶
母亲膝边雀跃的孩童也是矍铄的长者

2019 年 10 月 13 日

滠水河

母亲河是由天边来的
青草也是

还有这群自然生长的儿女
仰着婴儿脸
望着波光粼粼之上的
蓝色新桥

大声说：
我要去那边骑车

那边是母亲河的
彩色腰带

是石头、水泥或塑料的
风筝
钢琴
红樱桃

和往来人群
抚摸的彩色雕塑

2021 年 5 月 22 日

二龙潭公园

天上的、潭里的
神性的
幽默悲喜剧

龙与非龙的游戏之珠

湖光叠影园的彩色鸭子
亭子间的理学诗句

由垂钓者的鱼竿
慢慢游向篮球场、网球馆和家长里短

儿童滑下象鼻
蝴蝶飞过墨刷和青梅竹马

娱乐场的尖声惊叫
或蒙太奇或排比句
不顾及孩童咬着的烤肠油腻

童话小屋和它周围的花草
保持着梦幻与静谧

2021 年 5 月 22 日

连结文体广场与中医院的长堤

急匆匆的工作服和慢腾腾的病号服
相向走着

文体广场的篮球场和软雕塑旁的广场舞
牢牢抓住了病号的目光
“病愈后像他们那样运动！”

而球员或舞者擦汗之后
收场回家

睡莲上的青蛙扑通跳进水里
点水蜻蜓测量着
由医院到广场的距离

2021 年 5 月 22 日

双凤公园

鲁台山上
双凤亭
凤凰惜别的巢屋
住着矢流湖
和望鲁台

旧雨点新雨点的墨池
倒映青筒瓦片
和琉璃宝顶

黄青苔绿青苔的石墙
睡着春日江上
和听箴集

入怀的喜鹊
膜拜
书院理学的空盆景

朗朗风声
吹过石凳、轿车和天理

2021 年 5 月 22 日

定远公园

隔着马路拍摄的正门
装着七层高的定远阁
和两只爬满玫瑰花的巨大钢丝球

举着棉花糖的兄妹
头上顶着蓝天白云
脚下跳着醉月桥上的二十四节气

望月桥边、湖心亭
看打快板和大鼓的人
似发报员
敲着新公园的地标和门牌

稀有或失传的九佬十八匠
围着黄鹤楼的后裔或仿鹤楼

“我在黄鹤楼等你！”
古道、前川的语音
汇聚雨点般的人群

登斯楼观壁画者
眼神清亮、背影清瘦

2021 年 5 月 22 日

绿野仙踪之木兰故里

被馈赠的粉红色项链
捆绑的
本性
与
狂野之心

由橡皮擦、除皱笔
过滤的
倒流的时间
与
皮肤上的刺青

和爱恨一样
刻骨铭心

但我仍然将就要消失的文字
和你一起
拥入怀里

赋予
稻草人以脑
铁皮人以心
狮子以勇气

认定

逝去的和你
都在童话剧里
归乡途中

比如，战马与狂啸
比如，口哨与响指
比如，无尽的叮咚与叮嘱

新歌又添旧愁
我划去的
流水又涌过来

那么就一起
向东，向东

没有别的
但有我
和大海的怀抱

2022 年 7 月 23 日

木兰草原的格桑花语

他的相机邂逅了
一个用手机拍摄格桑花的女子

她蓝衣红裙
在阳光下有着沉醉的光影

一双羞怯的眼睛
成为穿过他心中的隐秘闪电

呼吸和头发
成为他的心律和节拍

他不懂格桑花语
却瞬间明白这个拍摄格桑花的女子

不是幻影
是木兰，是爱人

2015 年 10 月 3 日

游三台山

闭景三月
一人一扇
黄、白、黑三犬守门

西边的花山
重彩
惹眼

远远地拍空镜
背景里有没醒来的
一台山
二台山
三台山

2023 年 9 月 2 日

桃源记

有桃花
还有桃
真的有桃：
油桃、黄桃
还有彩虹门
秋千

有塘
有丝绢桃花装饰的船

塘边有烧烤、星空床
上火的人
放下上火的桃
吃下清火的梨

2023 年 9 月 2 日

从绿野仙踪到玫瑰花园

路遇多对拍摄婚纱照的小情侣
和胜天村的一泓荷塘、一双刺猬

玫瑰尚未剪枝
露营地上在建木屋

这里仍是知了的主场
鸟鸣只是配音
朗诵会就免了吧
知了那么带劲

我要保留嗓音
接梦话，喊姐姐、玫瑰仙子
“生日快乐！”

奉天老牌的汽水
也要用开瓶器

2023 年 9 月 2 日

登山问答

童年一：“我爬不动了，就在这里玩石子！”
（就势靠着岩石，玩起了沙粒！）

青年二：“啊，这位阿姨穿着高跟鞋爬山？！”
（拿起手机拍她扫地的网红服！）

中年三：“你不知道女人是世上最厉害的动物？”
（她在石门上做起瑜伽的高难动作！）

老年四：“叫我老爷爷，却没叫你姑奶奶！”
（他并不拄登山拐杖，她着粉色风衣！）

躺在菩提树下的白猫懒洋洋地摇着光斑！
（她身下的青苔点着石块诵经！）

2018 年 9 月 15 日

人间游乐场

阳光下五色纸风车的长廊
逃出童年的课堂被打红屁股的学童

橡皮艇在午休
旋转车喧闹起来——
“360 度旋转，无限飘移！”
年轻的爸爸和儿子一起疯玩

玻璃栈桥下
一头是 CS 真人战场
一头是白雪公主和七个小矮人的森林
花开的地方聚集着拍照的大妈

辽阔的祖国何处不秀场
秀吧，秀！
一出游乐场
每个人都是背着大书包的可怜相

2019 年 4 月 14 日

在黄陂望金顶

垂钓的人
钓水库里无数的玻璃
和涟漪

这儿有金顶
的倒影
索性你钓一下金顶

有人更直接：
用脚踩、用钳子夹
板栗
生吃，或烧鸡
但炖牛肉酸牙、塞牙
香客都用牙签剔牙

秋天的山上更有层次了
最醒目的
是半山的古寺

2023 年 9 月 2 日

在木兰胜景前

确实是胜景
他赤膊着西装
她赤脚趿拖鞋
拍婚纱

古风在胜景广场的
八卦阵
莲花宝座
择一录像

那年半山腰上的瑜伽和纱衣
留在诗句里
在此，金顶要登、落日要拍

2023 年 9 月 2 日

中午路过脉地农场

大热天的农场
有人以节节草
编斗笠
和蓑衣
向澋水河借清风
洗汗渍

旱地莲
向浮萍弯腰
镰刀靠在田埂上
植物们有懒洋洋的光影
和睡意

2023 年 9 月 3 日

大余湾

伯牙先祖的发祥地和岳飞的世系遁隐村
后来成为婺源余姓的迁居地

现在，石砌屋的深闭后院和清冷前庭
已没有床幔、戏台和官车的吱呀声

抽自制烟的老人和玩手机的孩童
不再捕捉萤火虫，不再追赶流星

新派的画家和摄影师
工笔古木与流光，聚焦墙头草与瓦上花

而学究们
则专注墙角的几堆草绳

2017 年 10 月 7 日

重阳节龙王尖登高有感

菜市场想着龙王尖
线装书也想着

木兰故里的纺车
和兵器也想着

秋天的寂静与辉煌
被十分钟一次的城际高铁

剪破

登高远眺的人
拍着夕阳中的古寨遗址

遍地植物，唯缺茱萸

2017 年 10 月 28 日

木兰的月亮湾

在木兰大道行驶 9.9 公里
到达木兰故里

天然的山水
自然地成为以木兰命名的山林和湖泊

月亮湾是新命名的女儿
卧在木兰的怀抱里

路边招摇的紫薇和美人蕉
盯着拐弯的车流和身挎游泳圈的孩童

追风筝的情侣
把山水间的抒情吟给采莲人和催眠曲听

瞬间的风
与高段位的美颜师、视频剪辑手
轮流分开我的齐刘海

我用水流的梳子
理顺青丝
存于天地间的芳名和野史

2022 年 7 月 24 日

日光湖

卧在水里的人
也卧在云层上

头顶或水里的
后羿也不能
睁眼看
他射下的九轮太阳
和不能射下的第十轮太阳

赤脚孩童
顶着莲叶
追着越过电线的
麻雀或风筝
更多的孩子
追着日光或云朵

录像的人
万丈光芒之中
汗水涔涔

2022 年 7 月 25 日

月光湖

“妈妈，月亮掉水里了，
掉在你的青袍子上！”

“姐姐，你的白裙子
在水里盖住了我的水钻！”

“玉兔出走了，
嫦娥也离开了广寒宫！”

闪烁的碎银、弯曲的匕首
扩大了
月光的朋友圈
和解忧铺

评论区是巨大的沉默与天幕

2022 年 7 月 25 日

星星湖

它们聚集在湖里
就像灯光聚集在夜里

青衣上的水钻
产地：木兰故里
曾是战地刺目的钉子

“女人从军，钻石成钉！”

终归是英雄气
终归是女儿妆

首评之后
又飞出密密麻麻的弹幕

2022 年 7 月 25 日

银杏叶、山茶花和风车

跛腿的独眼老狗摇摇晃晃地
吠着走进长廊的路人
他们观赏它主人的种植园和养殖场

“我是山东的，跟这儿的老头老太语言不通！”
抱着柴木的妇人慷慨地
让游人跟她的瓜果、树木、花草、动物拍照
“前几天的大风把银杏叶都卷下来了！
不然，你们在树林间像在皇宫！”

而我更偏爱白色的山茶花
我让山腰的它们和山顶的风车同框

钢铁与鲜花的侠骨柔情
让我这个感冒初愈者睡眼迷离——
桐油树的白果在盛阳中像新开的梨花

而头顶山茶花的雪球犬跟着她的主人
踩着银杏叶望风车

2023 年 12 月 3 日

小悟山红色浆果的冬天

民居里染上紫红色浆果汁的书页和豹纹
摄入风车耸立的山巅
被记录为小悟山或刘家山记

偏僻之地的红色树莓
欢迎床单落红
在梦里
像一片碎梅
需支付给陌生的洗衣机清洗

或者
装裱成画、挂旅行册
记住用金黄的银杏叶作书签
给小悟或刘家的状元

归乡途中
铺满黄色的纸钱

2023 年 12 月 3 日

花乡茶谷：雨后

五颜六色的花叶
和一刻不停的鸟语与蝉鸣

令我变成
异常灵敏的接收器

像闪光的蛛网
网住群山和群山的倒影

一阵大雨溢出的晶莹——
雨点落在雨点上

在火炉武汉之郊的花乡茶谷
写出整个夏季最清凉的诗句

2018 年 7 月 28 日

花乡茶谷：山水

在水边，看山的倒影
在山顶，望水的心房

花在身边，风在风中
鱼与鸟各居其所

有人唱歌有人跳舞
有人又歌又舞

他们只是沉浸其中
就拥有全人类的幸福

2018 年 7 月 29 日

花乡茶谷：风光

为了看得更远，更接近星空
他们把房子筑在山巅
再修好下山的石板路

青梨在枝
部分毛桃、板栗恰到好处
落到地面
成为居山者最自然的特写

在银薇树下小憩之后
我走捷径下山
穿过花乡和茶谷
拍石屋和藤条秋千上的风光

天黑之前
在云水湖掬一捧青山的倒影
和全身的自己

2018 年 7 月 30 日

花乡茶谷：夏日山居

夏日傍晚以长廊的
一排木桌椅为界
西边太阳东边大雨
一刻不到，彩虹出现

太阳还未下山
月亮就出来了
夜色降临后
蝉静鸟眠，蛙开始喧哗

萤火虫提着灯笼
四处游荡
直到晨光熄灭它们

晨风叫醒丛鸟和蝉
并嘱咐早起者
以甘露清洗
头发和面颊

2018 年 7 月 31 日

山上的哲学家

登山者在小径的拐角
被迎面撞来的蜜蜂蜇叮

因眼角红肿而折回住处
养蜂人正喝着新鲜的蜂蜜

“不碍事。每周都有飞类
以行动解释：痛快，甘苦。

“要怪你
是你把花园披在身。

“不要怪蜜蜂，
它因自卫而自毁。”

2018 年 8 月 1 日

像秋水仙这样的植物

湖边格桑花旁
有一片秋水仙

她们钻出地面时
就顶着花骨朵

笔直地站在天地之间

没有枝叶的烘托
与陪伴

无须为阳光或雨露
弯腰、鼓掌

一生就一杆身躯
顶着紫红的花冠

凋谢前结一圈
圆形排列的球形绿果

2018 年 8 月 2 日

以三种形式望星空

一种是在红岗山顶
一种是在云水湖边

在山顶，伸手就可摘星
在湖边，弯腰就能捞月

而在天鹅潭山居的
夜蓝色露台上

月亮戴在头顶
繁星栖在身上

萤火虫闪闪烁烁
游走在我们静卧的河床

2018 年 8 月 2 日

贵妃红

李花樱花梅花三姐妹的合体
是山庄的
也是诗人、影像的自有品种

剪辑地铁出口
湿漉漉的花瓣
成山道上的
飘雨
堆红
花的平行线

慵懒午寐之后的
醉酒戏种
香茗手法
颤抖着步摇
猫足
被雨阻隔的描红

酣畅的眼神
继续小酌
桃红、玫红、火烧云

2023 年 3 月 18 日

花的平行线

走过春野到群山之巅
招摇的油菜花、野蔷薇、山杜鹃
和桃花林
烘托的高阁
俯瞰电线塔、湖泊、村庄
和隐茶厅后山的樱花树

花的平行线上
盛放的南极红
是山峰的玫红腰带

侧峰广场
白袍的茶圣背手看向碧天

春天醒来的荷花池
也加入了
迎接垂柳和花事的队列

这情境，这风物
宜围炉煮茶
桥边遇诗

2023 年 3 月 19 日

桃花潭边香樟亭

我在书房里
好久不见落花流水
好久不见的自然在书页间——
智齿、扁桃体和咳嗽
桃花鱼跳出水面
遇到松花鱼
亭台楼阁
挽着我的宽衣袍
我借蜂农的面纱斗笠
向花间的蜜蜂和蜂巢致敬

我老了
不仅爱核桃
更爱露水间的花草蝴蝶

陌生人，你也把我当作旧友吧
我们带着各自的蜜活在人世

2019 年 4 月 14 日

树屋记

朋友圈的树屋
先拍的是小鸟
然后是自拍

是书桌上的海水
和手臂
是诗集的变形依靠
画框的笔直肃立

广泛施与的光影、雨水
面包屑和虫鸣

这里有树影婆娑爱意绵绵
这里有星辰大海鸟儿啁啾
眼睛不够用了
画笔也是

于是，她睡着了
睡在全世界
和整个宇宙里

2021 年 5 月 18 日

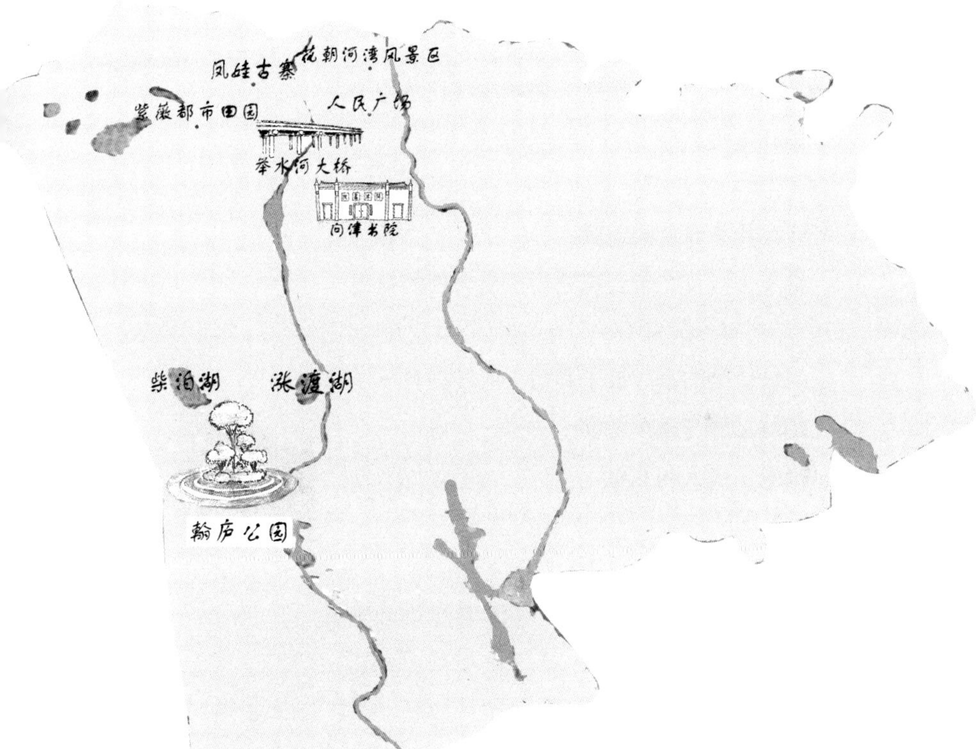
花朝河湾风景区
凤娃古寨
紫薇都市田园
人民广场
举水河大桥
问津书院
柴泊湖
涨渡湖
翰房公园

兴建中的翰庐公园

挖掘机停止后的奠基石广场
鸣响电子礼炮

主持人和围观者
锡纸蝴蝶
塑料风车
香樟树上“暴富暴瘦”的祈福牌
各有镜头

而大片蓝绿色的地膜
将于吉祥草、紫云英之后拱出另外的花色

斜坡伏卧的草坪被子和站立的细杆竹子烘托的
蝴蝶之静与风车之动
吸引了成人和儿童

坡下池塘
水鸟轻轻地划过两幢别墅和数栋洋楼的倒影

它也知道：
假荷花是夜灯
真睡莲是少女之心

2021 年 5 月 23 日

诗画涨渡湖

涨渡湖里
春夏穿绿衣秋冬穿红衣的
二十米高的水杉
住着鸟类的阳春白雪与下里巴人

我频繁地看飞鸟与落叶
在空中的弧线和水面的涟漪
看它们云中的英姿与水中的倒影

再由湖边的野玫瑰镜头
照见它们的挺拔

由形状、颜色的对比开始的
湖水涨与落的对比
湖边花与湖中树的对比
诗与画的对比

先是迥异的速写素描
最后是不约而同的——
巨大而有力的惊叹
与突兀而完美的色块

2020 年 10 月 18 日

柴泊湖

“要分清东西，
才更有方向感！”

由西泊湖路节点游园
到柴泊湖游乐场、休闲广场
再至文化广场
都是柴泊湖湖边

“绕湖一周，
又能花多少时间？”

可阴天，随时有雨

健康主题里
踊跃着游戏的儿童、运动的少年
散步的情侣、垂钓的老人

晚来者脱下口罩
对湖水说：

“辽阔啊！自由！”

2021 年 5 月 23 日

问津书院问津

至此
百度、高德
导航
亦是问津

一天中
下午 3 点左右的年龄
向子路报曰：
我不看夕阳红
要念中国
最古老的大学
夫子讲学
你忆史
我写诗

竟入新诗三百
成新诗经

2020 年 10 月 18 日

人民广场

红旗飘扬的人民广场

广场舞、T 台、溜冰鞋…
的人民广场

通俗、美声、戏曲……
的人民广场

一群幼童坐在门楼
的人民广场

还坐着一排老人
若干康乃馨与万寿菊

2021 年 5 月 23 日

举水河大桥下

一棵醒目的白色夹竹桃
被母菊、蛇床、茵草、苍耳、益母草、风花菜……簇拥

与更大片的
母菊、蛇床、茵草、苍耳、益母草、风花菜……丛生的
河滩
隔着两只水泥管横跨的水沟

经夹竹桃过碎石路至桥下

由河水、桥墩、草丛
滋生的无尽苍凉与荒野感
安慰我无边的孤独与渺小
和鸟儿的鸣唱与飞翔

一刻钟放映
心的演变史：
血肉、岩石、青铜、钢铁、塑料、橡胶、玻璃……

终归是要由头顶轰隆隆的车辆
取道问津

2021 年 5 月 23 日

紫薇都市田园

紫薇树被修整成各种精致的形状
站在处处匠心的都市田园

红的、紫的花朵热烈
笑傲室外 40 多度的气温

不过两小时的光景
观者的白皮肤被晒成古铜色

缭绕紫薇树的人工水汽
像年老的人使用美颜相机

——阳光过于毒烈
致使水雾缭绕的幻术成空

更多的人在有冷气的会议室
而少数者在高温下坚持写长长的诗

2018 年 8 月 6 日

过酒器博物馆

离开空酒瓶里
渐凉的余温和哑寂的空气
摇晃着赶路

经过作旧的酒器博物馆时
哭笑着舞蹈——

“我不是游吟者
我只是昨夜的醉酒者
和醉酒者的旧友；

“是马厩里沉默的马
等到的骑手和赶路人。”

空出的怀抱
会以另一些空出的酒器和身体
装回别处的喉咙、空气与尘土

“茫茫山河托着我
靠着心灯和经文
即便是绊脚的石上
也有最好的山水！”

2020 年 10 月 22 日

凤娃古寨

无数现代人穿行于
明清的建筑

喝茶
吃煎饼果子、烤肠和棉花糖

一群人表演古代婚俗
绣球落进清洁工的水桶

马头墙和自制的陶器上
写着简化的汉字

四君子园的格子窗
隐现戴墨镜的老大

国学堂外的玫瑰
扯住了我的毛线衣

张三李四
之乎者也
发送朋友圈
和抖音

2020 年 8 月 18 日

花朝河湾群雕的议事

一群在花朝河湾聊天的雕塑
和桌上石质糍粑、地面蓝色婆婆纳
明白——

流水并不以
叮咚作响的配饰
取悦两岸
或顾影自怜或隔岸观火的你

尽管躬耕
尽管凿石

云果腹
与
实题名

皆为浮云

我盯着
饮花露吃花瓣的
鸟

飞过橄榄树林

去解救

朋友圈的刷屏、航班
和远方战区的烟幕

2022 年 3 月 27 日

Ⅱ 汉阳

龙阳湖公园
汉水公园
张之洞体育公园
琴断口
琴台美术馆
南岸嘴
汉阳造
月湖
晴川阁
古琴台
龟山
汉阳公园
莲花湖公园
站前花街
汉阳树
墨水湖公园
武汉动物园
鹦鹉洲长江大桥
杨泗港都市T台
杨泗港长江大桥

龟山顶的马蜂窝

走过七色鲜花、众多树木和无数的石阶
至龟山顶

看长江、大桥、晴川阁之后
长久仰望电视塔

这根笔直的香烟和轰鸣的火车一起
填满青春的画本

岩石叠流的泉水和风吹围巾的折痕
在旁页，伴有吊床模拟蜘蛛

那时我们多年轻啊
整天看铁蜈蚣擦山过江

忘记拥吻
忘记捅山顶的马蜂窝

2021 年 2 月 8 日

于晴川阁眺望黄鹤楼

沮丧于咀嚼塑料花的
牙齿咬不开自然派的坚果

沮丧于镜头躲不掉的
碎石、锈铁、玻璃……一颗塑料的心
散落在江沙、青砖、水泥地的四方格

……沮丧让我忽略掉
晴川阁与黄鹤楼不一样的壮丽——

从最高的房间看到
拍岸的少年、颂鹤的诗人
和稀有的江豚许身的清澈

我可以浩浩汤汤地游渡万年

劝告在旧码头碑下拍抖音的中年：
取来新船上的救生圈
套在发福的腰间
删剪走秀的人群和道具
强化自然秉持的三段论而非三点式

2021 年 2 月 8 日

以晴川阁为背景的摄影

禹柏轩前、女贞树下
中国红婚纱摄影结合了打光板或红纸伞

另一对禅意的紫红玻璃纱
在香樟树的光影下
拂动胭脂扣

站位、穿着的反差与冲突
在打板师午间疲惫的呵欠里，融合了古意与现当代

从来没有过于突兀的景致
是聚焦、距离与角度的功劳

正如晴川阁江边的一辆共享单车在一个创意镜头里
正好搁在武昌江边的渡轮顶或黄鹤楼上

汉阳江边的骑行，也是长江水中或武昌空中的骑行
带着汉阳树的飞絮、码头的汽笛与火车过桥的轰隆

过于喧嚣的寂静
在矿砂码头的旧址上落地
开成苜蓿

2021 年 4 月 20 日

远望南岸嘴

每天由公寓看见南岸嘴的人
是有福的
或者由武昌、汉口
或者仅仅由船长 9 号
望几眼南岸嘴的人
也是有福的

你们饱眼过它
左岸的清流白沙，右岸的灰浪黄泥、堆积的风物

见识过青绿、红黄的风筝和铁灰的无人机
飘游的天空
有寄回往日的信物——

“哪位少年读到了
表妹装在军大衣口袋里的信？”

问号的灯下
是表妹用零碎布拼缝的迷彩嫁衣

如今她当兵的儿子
大衣胸口就揣着这样一封信

2021 年 3 月 28 日

在南岸嘴垂钓两江

摩托车或自行车靠在
中国第一角的江边

垂钓者左手汉江，右手长江
鱼儿在中间嬉闹
逗钓它的人：
“我来自汉江还是长江？”

“我这有雪碧和蜜桃小酪，
我先喝哪个？”

都是江鱼爱着江鱼
都是江水拍着江堤

春水拥抱更长的沙岸
夏至草最后一花
被摩托车灯
反射的强阳光打照

“你们的头都朝着长江！”

2021年4月20日

心，乌托邦，或汉阳造

风经过树时
舞姿正好

我经过此时
光影正好

“心，乌托邦”在我头顶
你拍得正好

或者柏拉图
或者托马斯

我不能竖起十万座大山
倒下一片海

我能记下颤抖的嗓音
梦想的节拍

这肉体、这灵魂的理想国
被狂热地空想也好

2015 年 7 月 12 日

汉阳造

是，也并非是电影镜头
你走过
各种颜色的共享单车
或刷彩漆的机器零部件

雪白，或彩色婚纱
一些精心或随性布置的工作室
咖啡馆、书吧
有你喜欢的主角

越喝越凉的茶
和渐次远去的背影
记下老者唱出的新歌

但生根的年代
钢铁，钢铁内脏的羊群、马匹
掠过眉心的痣、掌纹
熬出骨头、骨头汤
附在兵工厂遗址的枪炮
掩盖的女红、彩线盒上

2023 年 12 月 7 日

月湖和琴断口

是弹琴还是砍柴
琴台回答了
月湖无须重复

苦楝子掉在地上
混淆了花泥

高山流水旁
游人摸得锃亮的同心锁
有了新配的钥匙

是钓鱼还是捞月
月湖回答了
琴断口无须重复

从琴台出发
绕月湖一周
至琴断口

碎琴山一直响着有砍柴声的琴音

2021 年 2 月 8 日

月湖清风书

梅子山和月湖之间的高墙电网
网住蚊虫飞鸟、枕木上的浓荫

梅子山没有梅子
但古琴台有清风书、流水赋

他在遗址上弹琴
我在琴断口写诗

鸟唱它自己的歌
雕塑沉默不语

吊车上的大象
在风中摇摆着展览馆的飞碟

微信爆满登上塔的宇航员
“我不是来飞天的，是来绕湖转圈。”

野钓的人
观蝌蚪顶着小荷
绘美术和音乐的水墨

2023 年 4 月 30 日

今日古琴台

乘风的人选择弹琴的人唱高音
子期在琴台砍柴呼应

毛袖遮着眼睛

恰如琴台上的玻璃
罩着发黄的青苔与小蚁

亭子间的木茶几刻着荷

伯牙琴社有古琴
有桃树和满地的苦楝子

有琴声和鸟鸣

“峨峨兮若泰山”
“洋洋兮若江河”

——多美的诗句与吟诵啊

致敬雕塑
致敬高山、流水与知音

2021 年 2 月 8 日

琴台美术馆观展

从碧空罩着的银色贝壳、飞碟，认识你的旋转弧线、耐热度
以雕刻的巨型石勺，舀江汉之波月湖之月至眉梢

天光携着渐次加深的眼镜对比城市肌理
屏蔽天空下的高压线、铁丝圈

冰淇淋、生肖虎、流浪兔打卡
墙面连幅肖像、往事如烟、新年快乐、世界之树、盛世花开

在场景、风格、流派之间快速置换的人
尚没有相应的表情配合
任空瘪的口袋以羞怯的双手，安慰着收藏单、源泉、密址
“我虚拟故我在！”

从地下到天顶的三层展厅——山川可游
“眼里尽是光！”
“我们创造的一切都不是我们自己！”
是“人的物语！”

是后花园，或空中楼阁
是衣服上的色块、褶皱
另辟蹊径
体恤着日常与艺术、琐碎与鸿蒙

2023 年 5 月 28 日

明镜台

暴雨过后的都市桃源
在空间的情绪转换之间
请回了蓝天白云
印在明镜台和明镜台储蓄的雨水里

访者走过白拱桥
去拜访
挂着标牌的羽毛枫——
它模仿了精巧的鸡爪、剪纸、盆景
和新诗别裁

城市记里
建筑同高于诗歌
和你们回溯的古意
伫足的平仄
与俯首的烟火气

幸存的清凉雨滴
同蝉声、电流同频的
耳鸣
也汇集在明镜台
阅人阅己有所思

2023 年 5 月 7 日

铁轨边的老家

脱离江湖的亲密关系
走过百年诗歌博物馆
和长长的旧铁轨
撞见晚年的自己
坐在老宅门前的青石上
数蝴蝶或星星

归来者的脸庞、血液
已是石刻、海洋的一部分
是耸立的山峰和石碑

如站前花街上的
火车灯塔、古树
成为后来者的背景与缅怀地

拎着旅行箱
走在废弃铁轨上的游子
会在火车轰鸣的房子里
住上一周
像养花工或守孝者
把沉默的目光
转向大地或天空

2023 年 6 月 7 日

由站前花街出发

铁轨边出生的人
注定成为旅行家
走上
他人不了解的
视野中
或追随里

而赤脚借用鞋
敲打的铁轨
也走着骄傲的狐狸
和腼腆的羊群

用旅历、诗句
或温润之光
向手工业或荒野
换来面包和苹果酒
得以有体力
画一棵树
和延续的道路

2023 年 6 月 6 日

莲花湖

每阵风
都在讲她经历的事

而雨打莲花的轻摇滚
淹没了怯弱的自语

“是的，我爱过你。
像莲心藏在莲里。”

观音乘莲花
李白饮湖浪

姐姐的手工坊准备了
女性的全部嫁妆

2021 年 3 月 16 日

莲花湖公园

装着把酒问青天的湖
同时装着龟山、电视塔
和长江第一桥

在桥上向我挥手的不是你
是我自己
在看莲花湖底
登塔的李白捉月吟诗

你在清明上河图的虹桥上
看到的太白
是李太白

你太白
白过青莲居士
白过白莲花
和白月光

2021 年 5 月 8 日

汉阳公园

没有兵工厂和铁栅栏

过入口处的一尊工农兵雕像时
似走进了上影厂的片头

坐在道德讲堂的老人
摇着扇子

石榴花塔旁边的林间坡地
有人吹拉弹唱，有人闭目养神

牡丹园的壁画前
丹青在透视芳香和光影

一对金婚者坐在塘边的亭子里
看着水里的锦鲤和梅花鹿的倒影

我在昆虫旅馆前
默记了石柱上的诗句后
开始研究旅馆的入住指南

2021 年 5 月 8 日

汉阳树

什么样的树
叫作汉阳树

看龟山下的树
看龟山上的树

看树上的叶子
看树下的叶子

看小巷深处的古银杏
看鹦鹉洲上的木芙蓉

看遍汉阳树
光与影各不同

陌生人，走一走晴川阁的蜿蜒路
像爱故人一样爱你见到的汉阳树

2018 年 12 月 1 日

杨泗港都市 T 台

周末由电子笔移挪的羊毛纸卷
抵达江上 T 台京剧脸谱的篮球场

你时时都在穿越

曾经的工业码头
现在的都市 T 台
左手鹦鹉洲右手杨泗港
玻璃栈道下
东流的江水映照的日月和颤抖的身影
在惊讶的注视之后，退身到观光铁轨上

集装箱展厅里
斑驳的汉阳造物、潮玩市集与绚彩的滑滑梯、秋千之中
欢快之声同高于流水、汽笛、风筝

无人机拍摄的全景大片中是天长水阔的大秀场——

堤岸上弗吉尼亚鼠刺与春末返场的蔷薇之恋没有分别
篮球宝贝的假动作与江上天使的真性情没有分别
友情时刻与亲子时刻没有分别
我与你没有分别

2023 年 4 月 30 日

在都市 T 台上和江水赛跑

洋码头、弗吉尼亚鼠刺、激动的战栗
约等于
工业码头、墨西哥鼠尾草、幸福的昏眩

变身为景观的
集装箱、矿砂船、滑轮、铁轨……
和
在 T 台上俯瞰江水的我们
面对手臂与波浪雕刻的说明史
发出连串的感叹词

而，背着铁锈红的剪影
奔向鹦鹉洲的共享单车
留下钢铁镂空的光明史
“他们比江水跑得还快！”

2023 年 10 月 28 日

江滩边的水文学

“你知道水往哪边流？”

在汉阳是从右往左
在武昌，是从左往右

“都是向东啊！
到江边洗下脚吧？”

“不啦！水流又浊又急！
都看不到你的倒影！”

在轰隆隆的火车桥下垂钓的人
比刻舟求剑者还笃定

看到你抓拍到的迷茫
定格了江边的水文学

2021 年 6 月 20 日

武汉动物园

武汉视这些移居者
为珍宝

给最佳待遇
最好场域最佳城堡

这些生活在墨水湖畔的
外来者

更偏爱逗弄或恫吓
小孩子

但它们在被规范的吃喝、睡觉之余
耍小性子逗趣、打闹之余
会双眼迷茫地望着
不知道在哪里的家乡

2021 年 5 月 8 日

张之洞体育公园外所见

将中央公园与张之洞体育公园隔开的
琴声二街
跑来雪白的萨摩耶
和金黄的高吊车

私家花园里八角金盘的光影
并不大于张之洞体育公园的篮球

新开馆刚刚安装完毕的地面钢琴
跑着老人和儿童

蚂蚁与大象
都可以弹出悦耳的琴声了

无人驾驶车视频繁出、火箭再度发射

“人都要上天了，都要去往其他星球，
还要什么驾驶，什么体育？”

似乎没有什么不可能
是你们，也是机器人在跳琴

2021 年 5 月 8 日

墨水湖

昨夜梦里向老先生借的墨水
今天在经过墨水湖时千倍奉还

墨水还了
可稿债没有

今日的顿笔
兑现不了昨晚的签字画押

我真的很累
为避免手写体走样
只好请湖边的杜鹃替我咳

可是她说：
我是三角梅
并非勒杜鹃

2021 年 4 月 21 日

墨水湖公园

墨水湖分南岸北岸
围绕墨水湖的五个公园
都叫墨水湖公园
全部逛完要花上一整天

我要拜访的那个伸到湖心的美丽半岛
据说是汉阳渔厂的属所

白墙红瓦的别墅
被紫花荔枝草、黄花美人蕉围绕的院墙里：
蔷薇、玫瑰、萱草、紫娇花

幽深于一号门的
转糖人与孩童群雕旁的花篱笆：
蜀葵、芍药、粉花月见草、橘红天人菊

更多稀有花草在人脸识别的水墨清华

波光粼粼的湖边
识芳香、鱼群、读书人

2021 年 5 月 8 日

汉水公园

郭茨口汉江之滨的
灰姑娘
天生就有汉水的纯正血统与姓氏
她的明眸
虽无母江之上
往来船只的倒影
但有知音桥、野鸭、白鹭的飞渡
与水杉、柳丝蝴蝶结的上睫毛
三峡石、太湖石、灵璧石的下睫毛

有竹径、木槿花廊、紫薇园、红叶李园、雪松园
生态湿地的妆容
与衣饰

“母亲，我一直依在你的膝边，
听你唱摇篮曲！”

而将汉江与池塘
隔开的堤坝、栅栏
却有着倔强而又无助的脸

2021 年 5 月 8 日

龙阳湖公园

摇曳的大滨菊
呼应飘荡的斑点裙

风筝高于 5G 基站顶的鸟巢
耳鸣大于高空水母般飞机的轰鸣

我在天幕下
看撒野营
和泡岛计划中的帐篷、火车、人群

旁边粉色的月季啊
我不叫你的俗名
叫你罗衣
我年长的闺蜜
仰望天空之后
低头做针线活数光阴

如果人生可以重来
我一定绕过那美丽的险滩
走过暴雨之后的泥泞、黑夜
拥抱你

2023 年 4 月 16 日

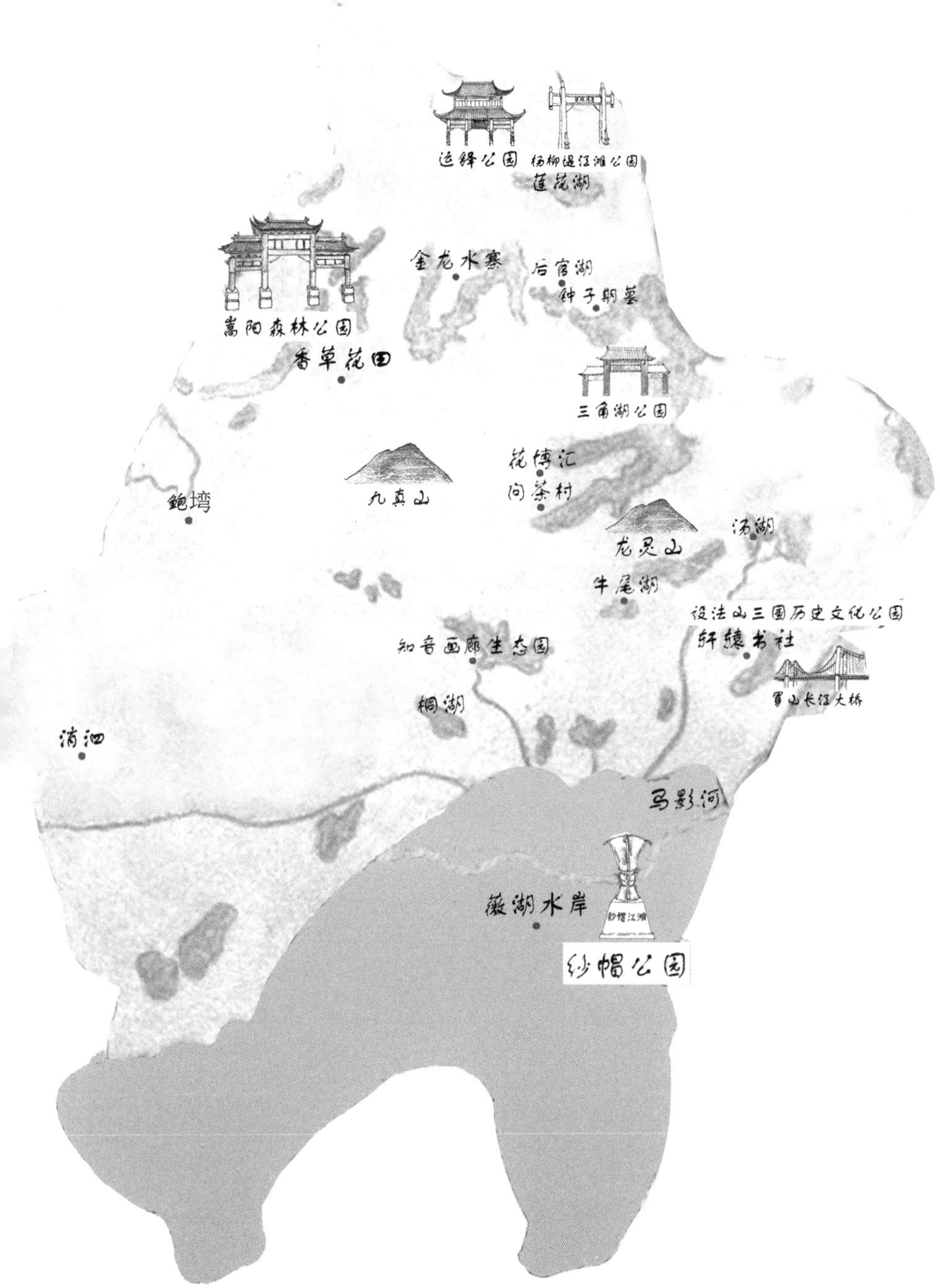

运驿公园
杨柳堤江滩公园
莲花湖
金龙水寨
后官湖
钟子期墓
嵩阳森林公园
香草花田
三角湖公园
花博汇
向茶村
九真山
鲍墒
龙灵山
汤湖
牛尾湖
设法山三国历史文化公园
轩辕书社
知音画廊生态园
军山长江大桥
桐湖
消泗
马影河
薇湖水岸
纱帽江滩
纱帽公园

在三角湖拍残荷

江汉大学把三角湖变成了
它的内湖

柳宗宣、刘洁岷常在湖边
发呆，写诗

新诗鼻祖生日这天，学者
在学术中心论谈百年新诗

我趁会议的间隙
到湖边拍照

湖边没有两只蝴蝶
只有一片芦苇和残荷

天上是云，地上是风
湖心是

三只对峙的
鸥鸟、水鹰和黄雀

2017 年 12 月 17 日

在运铎公园识得中阮

多次看到这种长得像琵琶
却无琵琶曼妙曲线的乐器

“准确地说是中阮！”
演奏者解释道

“技艺不必尖端
也无需坚硬的拨片！”

我听着它的音律
暗自称它为
琵琶的发胖老年

风筝雄鹰挂在树梢
细叶美女樱伏地无言

2021 年 4 月 18 日

杨柳堤江滩公园

陈伯华大戏台并没有汉剧
而广场上空
有高飞的风筝

嫦娥在一位少女的怀抱里
借助她男友的助力
才奔月成功

还是孩童举在头顶的小鹰自如——
可以低空穿花海过柳堤
可以停在沙滩上捉小鸡

幸福的头胎二胎在玩沙
爸爸说：挖出一座座城堡
再圈一条护城河
妈妈的扑哧笑声成为抖音的配乐

2021 年 4 月 18 日

七胞胎小湖

在汉阳大街导航莲花湖
我们到了离汉江最近的一个小湖

拍了它身边的一组彩色楼房
和高压架上的三个鸟巢

看老人下棋唱戏
观垂钓者钓空气

后来我们穿过大半个城区
到同心广场——
有人跳舞
有人拍抖音
“莲花湖上的飞鸟！”

原来七胞胎的小湖泊
被称为 1 号湖、2 号湖……
7 号湖

因种了本地出名的莲藕
而有了统称
莲花湖

2021 年 4 月 18 日

后官湖

先是凤眼蓝，然后是荷花
它们头顶的露珠映出曙光与月色
它们身下的水族翻出泡沫与筋斗

已经开始迎接了
大家争先恐后

骑行、漫步、遛娃、拍动物
争上抖音排行榜
光芒万丈

在头顶转圈的鸟群
避开无人机
鸣唱
调皮地扔几粒软蛋
小鸟飞飞
童子便，或中药

如果你跟着走一圈湖
那就是朝圣三时
相当于出官记

2021 年 4 月 21 日

夜谒锺子期墓

夜间拜谒的墓碑门牌
在一层层浓重的黑色里
通向锺子期坟墓的路面
透着浅白色石板的微光

从里走来一个男人

我挽紧先生的手臂
停在高山流水之前，不敢再前行半步

“用手电筒照照那尽头……的松柏，远一点，再远一点！”
“走吧，这种地方你不能逗留，不然你又头痛。”
“来一趟不容易，就看一下！”

壮胆走过门牌，一米两米十米
不敢看前方坟墓，也不敢看两边的树木
仿佛成堆的夜眼里正在放出鬼魅与利指

我猛然扭身，快步逃出高山流水，逃到五贤路上
抬头碰到的男人，自称锺子期后裔

还好不是锺子期

2021 年 5 月 9 日

彩色沙滩上的最佳婚纱

彩色沙滩与湖边草地
隔着一层巨大的白色布匹

隔着狂热的人工染剂
与平静的自然色素

穿黑色婚纱的黑发女孩
突兀于穿粉色纱裙染粉色头发的女孩
酷炫于穿白色婚纱的黑发女孩

它让青山绿水
阳光、拱形门……
彻底成为失色的背景与陪衬

我的双脚与彩色沙滩之间
隔着一层
黑色丝袜

从来如此，天赋之笔从不着意偏色
它们听命于第一自然
第二惊奇的偶然与对比

2021 年 5 月 9 日

嵩阳森林公园

照在绣黄色门牌和绣红色残墙上的阳光
很旧

照在满山新绿之上的阳光
很新

新开路很新
沿途的大滨菊很干净

鸟鸣和我们的车载
均是天籁

导航过香草花田和黄金洞水库
至寺院

寂静如阳光一样
盛大而金黄

2021 年 5 月 9 日

香草花田摄影记

因为欣喜
我为每一种花草
多次爱抚了自己的脸

一张中年却突然返童的脸
靠着青年的玫瑰、蔷薇、七姊妹、马鞭草、大滨菊……

身轻如燕地清点
航拍视角里的
这件多彩百衲衣上的
铁艺：
心形门、皇冠、直升机……和在一切之上的
高压电塔

让每种花
和谐于自己的每一种表情

这繁花与被繁花簇拥的戴冠者

让循环播放的赶鸟声
成为天使舞蹈的节拍器

2021 年 5 月 9 日

登九真山

爱爬山的人牵着爱涉水的爱人
走过连理湖的九曲桥，去山顶

天人阁旁的帐篷里四口之家开过家庭会议后
推童车上山
爸爸和哥哥轮流推着弟弟
妈妈拍天伦乐和风景：
空悬的玻璃桥、闭锁的九真关、挖掘机轰隆的知音谷

站在扶云梯旁的小男孩视频说：
往下 199 级台阶到山谷，向上 399 级台阶到锁情台

一对双胞胎女孩走过我五十多岁的脚步和气喘
一对双胞胎男孩越过我左臂上的祈福带

上了顶的孩子依然兴奋
上了顶的大人祈愿、休憩、望远

我的镜头里
有个中年人坐在祈愿树的阴凉下
抽烟
沉默得像大片

2021 年 5 月 9 日

花博汇

自然是齐汇了
天下之美花

郁金香、醉蝶花、百合
已是常见的了

成片成片的
围绕了写生的帐篷

我们已经倦于
把花植入诗行中
专寻美丽乡村与民宿

有趣的是
你爱的桃李春风
最美的还是有花草的庭院

2021 年 4 月 18 日

问茶村

问茶村
日夜倾泻着水流的大茶壶
呼唤着
花坡上的蓝猪耳、鼠尾草、千日红……

我每次路过
都会倒空手中水杯
去沐壶口的清凉

被酷暑蒸发了的耐心
重回到胸膛

卧在睡莲上的蜻蜓
对石缝边的青蛙说：
你以前是蝌蚪
以后是蛤蟆

青蛙鼓着腮帮
看漂流的海棠
和飞蚊驮来的
冰淇淋

2021 年 7 月 28 日

诗人来到知音故里

昨天铺好的灰色铁轨
今天驶来了绿皮火车
我们坐在千日红簇拥的驿站
看着一对老年夫妻欣赏年轻的情侣
高分贝喊出直入云霄的泉水

格格在伯牙子期桥上
发现了渐变的蓝紫色天空
亲吻着渐变的金黄色湖水

这儿是知音故里：
九真山、后官湖、金龙水寨、悠悠山房
蜗牛城堡的花博汇……
万水千莲，皆是美好

仅仅几天，诗人们发现的福址
纷纷住进了壮丽的诗篇与画卷

2021 年 7 月 28 日

牛尾、帐篷与月亮

向远方的高速路
并行着绿色的
铁蜈蚣

轰鸣伴着轰鸣

牛尾
从江河到湖海携带的帐篷
依次顶过
上弦月、满月、下弦月

此刻是粉红的栾树梢
接过蓝色的风筝

牛甩出牛尾

取下口罩的人
长叹一声

朋友圈
心律不齐
阴晴圆缺

2022 年 9 月 18 日

龙灵山的节日颂

过军山长江大桥至龙灵山
庆一个国度的两个节日

听红旗的欢乐颂
吟满月的阴晴句

琼花摇曳桂花雨
浆果依靠玫瑰刺

蜻蜓的无人机与蚱蜢的不系舟
检阅了十里长坡的波斯菊
与百亩荷塘的嬉水鱼

千亩茶园的长脚蚊
咬醒了山顶的小盹与水边的遐想

去年的萋萋芳草回眸处
成了今年夏洪之后的钓鱼台

欢乐成群　悲伤独行
幸存者热泪盈眶地观看了
一个复活城市的所有快闪

2020 年 10 月 1 日

龙灵山的绿嘴唇

在湖边搭好帐篷后
开始写生

老少路人甲、乙、丙……
因扯野韭菜、吹蒲公英而忽略了社交距离

她们围着我的帐篷转圈
还走到水边来，评价我的写生：
“这是印象派。画得好美！”

我把一排湖中林和它的倒影
画成了一张嘴绿唇

一张白天含着太阳和云
夜晚衔着星月与灯
的绿嘴唇

后来在画室里
被一幅关于天空的丙烯染上了蔚蓝的痣

从此，绿嘴唇的湖水下巴
浮出一艘小彩船

2021 年 4 月 10 日

知音画廊生态园

小爹湖边
风中摇晃的
不是吊着树叶的毛毛虫
而是太空吊仓
和秋千

渔船刚刚靠岸
而小蚂蚁却乘着枫叶船
顺着水流打转

孩童捡了湖贝
又去追赶鸭子

“水果在哪里呢？”

秋天的树梢高悬红灯笼的柿子
和黄气球的柚子

两周后
彩色小屋前这些此时穿着绿丝绒的小橘子
将亮起星星的眼睛

2021 年 12 月 11 日

桐湖红蓼

像雨天
在诗中驻扎的那片红蓼
在你走远的湖边

渔夫放生的美人鱼
漫步至
红蓼旁的
粉黛子里
邂逅携带惊涛骇浪的海螺

风也会告别
但歌声不会

春天将开满紫苕子和油菜花

像从不曾热闹的
香妃山
此刻长满，紫菜薹和黄丝瓜

2021 年 11 月 20 日

关于消泗油菜花的经典抓拍

不和花合影
不摆拍
不跟随摆拍的各类人群

只是漫步花海
细味花的侧颜和蜜蜂的旋舞

可是扛着金箍棒的小悟空
和他牵的竹马
撞入了我的镜头

而我跃出花海的瞬间
却跳进了陌生人的抖音

穿粉红纱袍的少女
请留言：五十岁的少女

2021 年 4 月 18 日

鲍塆矿坑

仙桃至武汉的 318 国道段
窗外知名的风景
当数侏儒山，和侏儒山顶的铁岗亭

每次路过时，我都会举目看它们

但侏儒镇给我最早最深的记忆
却是扑面而来的尘沙灰土
与热火朝天的挖掘现场

我不知道
那曾不断加大加深的矿坑
如今已成美景而受小众追捧

看到绿蓝色水域边的多彩石上
支着帐篷、野餐桌的抖音
还以为是“仙乃日”“翡翠湖”

旁白却说：
“如今的废弃矿坑，以后的生态工业园！”

2024 年 3 月 31 日

汤湖记

骑童车的孩子要绕湖一周
而汤湖只能走半圈

被内循环的湖水模糊了山影、混淆了植物学
先把樱花当桃花，后把月季当玫瑰

肥皂泡吹着蒲公英绕湖数圈
郁金香老成了罂粟

1300 度瓷釉上的马背诗人
望星空

刚刚是纸本彩墨
现在是丙烯、油画

是陶瓷的月亮和心脏
匹诺曹与白雪公主

毕毫掉毛
用刻刀

我如此心痛
没见到入戏渐深的你

2021 年 4 月 10 日

梦想公园

驶过高速路到达的梦想城
已经易名为文化园

无人驾驶的观光车
坐着戴太阳镜的
我和你

从湖边的角度
录下贝壳或春笋

屏蔽了芦苇的荒野感
和太阳的空间站

脚边的山桃草和肩头的蒹葭花
装点着婚纱写真

白鹭漫步湿地的 T 台

无人机惊飞了
一群又一群麻雀

2021 年 12 月 11 日

访轩辕书社

在文化车谷的版图上
在梦想公园的南面

车载蛙鸣、车载工业对自然的访问
驶向川江池南畔的轩辕书社

“远离极冷极热的生活方式
于是有了北方的高山、南方的大海

“和调节四季、抚慰身体和灵魂
的书籍

“而你是必需品
是空气、阳光，是不能停止的呼吸

“是不能拔掉的
深入骨髓的骨钉”

幸运的人
在此遇到早年的佚诗

2023 年 6 月 30 日

纱帽广场

不是婵娟
是整容的艺人
和大妈
占据单行道的停车场

我甚至不能问
彩巾打结的造型和舞蹈
“你们这是做什么？”

这置疑的审美
会让纱帽山
视为幼稚的问题、天真的世界观

长江在南
汉水在北

好吧，他戴他的纱帽山
你跳你的广场舞

2021 年 4 月 10 日

纱帽公园

被称为红帽的月季
是商周的头骨
长着唐朝的血肉

而我爱的是宋画元曲

原本的纱帽附姓朱
这不是院士的本意

这首由武昌过来的考察诗
遇到了石碑上的誓言
被松香水洗掉的痕迹

松鼠傍晚翻越的涂鸦墙
还挂着松果
和你的故事片断与半句表白

2021 年 4 月 10 日

关于汉阳人头骨的考古学

对长江冲出来的
属于古人类的 30 岁头骨
它消失的身体和性

以沙与水的侵蚀
幻出来的皮肉
挖掘了纱帽滨江的一座山丘

这前世由后生来演绎——

时间地点不变
故事遂古意

“你说，我们听！”

2021 年 4 月 10 日

雨中过马影河

过纱帽镇的月亮湾路
去马影河桥

午睡的老村长还未醒来
汉南大道的摩托拖着煤气罐

密集的雨被披在车上
跟随至兴城大道、官莲湖

朱家山的双鸟
飞到船头队渡口变成鸳鸯

蚂蚁上树
马影淋雨

湿透的风衣
挂住柳枝和风筝

车载的雨水
把下午的汉南洗了一遍

2021 年 4 月 10 日

Ⅲ　武昌

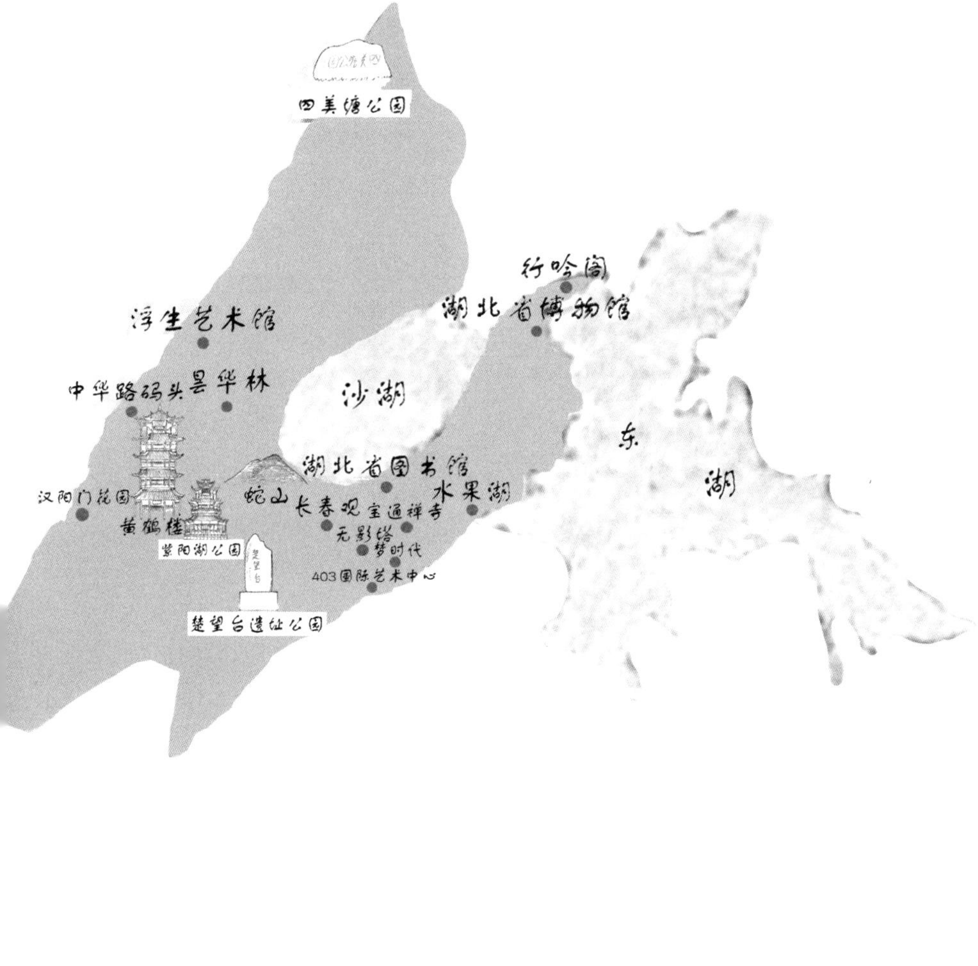
四美塘公园
行吟阁
湖北省博物馆
浮生艺术馆
中华路码头
昙华林
沙湖
东
湖
湖北省图书馆
汉阳门花园
蛇山
长春观
宝通禅寺
水果湖
黄鹤楼
无影塔
紫阳湖公园
梦时代
403国际艺术中心
楚望台遗址公园

以汉阳门花园为坐标

以黄鹤楼为靠背
汉阳门为座椅
钢铁桥为扶手的
前浪后浪们

民族、街舞……的多步法
戏曲、民谣……的多声道

还有
或俯首或仰头的诗句
手捧
户部巷的
老酸奶、老冰棍
四季美、蔡林记
诵读
老桥旁老花园故人的
旧时光
老灵魂

……游子的速写中……

艺术体签名标注：
口袋里的
白云黄鹤
码头流沙

过江之鲫
前浪后浪
皆出自
黄鹤楼旁
大桥上
文明拉出的
钢铁抽屉
市景烟火

2023 年 5 月 21 日

有关蛇山的青春地理

从小东门上蛇山
回望蛇山东南的武昌站和长春观
（扫描滚滚红尘
和滚滚红尘旁的归隐地）

转身过山顶路
达蛇山头部的黄鹤楼
（漫溢黄鹤楼的浩瀚诗句
于汉阳门的春天）

跑马观花者的
左袖是千家街、阅马场、红楼、首义门
右袖是昙华林、胭脂路、司门口、民主路

红楼与胭脂路之间
是穿山的古楼洞

更震耳的是：江上汽笛和北面一列列
南来北往的平行于蛇山的火车

如今，山顶通往黄鹤楼的路不通
必须另门进入

当年立誓的山头
也找不到祈愿树和三生石了

月光下的迪斯科
也被牧羊人的广场舞替代
山腰上的茶花和蜡梅
因有序与隆重
而失却了当年的天然与纯朴

只是江上汽笛声
和火车经过的声音
在神思之外
依然共频于离别时的内心抽搐
故地重游的哀伤
和对青春的无限眷恋

重游蛇山的昔日少年
如今披一身雾霭和湿气
回到旧书房
找到发黄的照片
和树叶与花朵的书签

2021 年 2 月 4 日

雨中过长江大桥

在黄鹤楼和电视塔的双重注目中
过长江大桥

一场微雨
像事先布好的电影场景

当年的哨岗
仍笔直地站立着哨兵

“你陪我走一次长江大桥
就那么难吗？”

后来，场景被置换成了
厨房、黄山或西藏

今天我走过当年约会的桥头堡
雨并非飘在头顶，抽搐或战栗并非自脚下始

离别的人、散花的诗句滚滚东逝

彩色的孔明灯和气球
覆盖了灰色的漂流木

2021 年 2 月 4 日

李白江上短信汪伦

这不是桃花潭，是长江
污浊、汹涌，快艇像离弦之箭

离别的加速度重金属
摇滚不能分别的波浪

天上有飞机和飞机的白线
地上有高铁和高铁的轨道

我偏爱的长江天际流
行驶着船只翻滚着浊酒

我捞不起江底的月亮
捞起了江面的诗句和流物

你得用纯净水清洗后品鉴——
黄鹤楼上邀月，盐水花生下酒

不闻酒香
唯闻汽笛声声

我不在对岸，在波涛里
没见到屈原，他的手机关机——

此起彼伏的咕咕声
是众物吞吐江水、消化酒精和粽子的胃

2013年11月15日

黄鹤楼灯光秀

黄鹤楼光芒万丈
举着手机的人群
也无比辉煌

这是关于黄鹤与楼的灯光秀
也是一座城的解说词

它耸立于蛇山头
俯瞰长江、白云阁、千禧钟、京广线
和人们的仰首伫望

今晚我借
李白对比崔颢的矜持与自谦
躬身低语：
“早有颂诗在上头！”

今晚我们在黄鹤楼体中
接过冰淇淋的黄鹤楼
含在嘴里

看城市快线和高铁穿过它的左右臂
滚滚长江擦过它的前胸

2023 年 10 月 27 日

方 位

我喜欢在东边的窗口眺望蛇山
喜欢看高于写字楼的教堂

它西北有黄鹤
东南有彩云

空中飞舞的群鸽慢下来
俯瞰车水马龙的人间

我在楚材街旁的陪读房
右耳听唱诗左耳听读书

现在需要静下来
听自己的心跳和呼吸

2016 年 1 月 24 日

爬墙虎爬过玻璃窗

小鸟在钢琴上栖息并不翻阅乐谱
花儿在风中舞蹈

我喜欢爬墙虎爬过玻璃窗
攀向高处的摇曳多姿

孩子们喊着嘹亮的口号从窗外跑过

我喜欢自己年近半百
看见热血的青春依旧热泪纵横

哦，我还不老
一直有张天真的婴儿脸

早生的华发，更有资历感慨
我是幸福的——

相爱的风与光、爱与被爱
窗内与窗外、人墙与爬虎

此刻，我不是那家长
是坐在教室里的少年

2013 年 10 月 16 日

昙华林

新世纪的阳春白雪被新世纪的下里巴人
包围成桃花源

古筝、汉绣、陶艺的慢时光
在这里顾盼自怜、形影相吊

左边拿铁咖啡的特慢专递（咖啡吧）
似沉睡的阑尾

右边的胭脂路、粮道街
游荡着烟火、脂粉和莽汉

中间飞跑的清洁环卫车
惊吓了自拍（他拍）的后古典主义时光

你终于保留了你慢下来的影子
但昙华林只是昙华林的赝品

2013 年 11 月 29 日

风过昙华林

风过昙华林
不是风的意思

我站在昙花下
是我的本意

跟随飘过陶艺、汉绣的
咖啡香拍摄变幻的光影

汗流成长江

长江归入大海
不能说自己是海

我们是昙花
不能说自己是昙华林

2015 年 9 月 21 日

昙华林的光

两杯水在它们喜爱的
音乐中形成完美的结晶

旅人在缎面日记里
写下的重金属爱情

通过音乐的波澜
返回到我的心里

而世上最昂贵的钻石
只会带来不幸

摇曳在樱桃树上的祖国
同露珠一样易失

2015 年 4 月 16 日

方圆中华门

将长裙剪成短裙、凉鞋剪成拖鞋
将沙湖剪成水洼

廉政公园有跳舞的大妈
300 米有楚材路上的书生、得胜桥上的赌徒

500 米有契丹文身有鲜花塑料花
有海底捞月、大西北烧烤

800 米有防空洞，有人剪封锁线当幸运手链
有人量体裁衣，不慎将真丝烫成杂色

向北的天上有孔明灯或风筝
有的落入长江有的去向不明

有人将苦难歌颂成财富
将硌脚的石子说成钻石

大众买菜绣花吃喝拉撒
不关心一个国家打另一个国家的嘴巴

2014 年 7 月 18 日

对浮生艺术的不确定性定义

定义的不确定性
是理解的不确定
就像你问我诗的定义时
我坐在水滴雕塑旁
安静得出奇

但我确定
我听到了一根针
在度量海水——
海水盛下了天空

我确定
你在旋转楼梯上的裙裾
模拟了大理石的披风——
披风抚摸了楼梯

我确定
你走过了浮桥、楼宇的水晶挂件
目测了沙盘的天花板——
天花板平行于浮生

而红尘牧场比肩
艺术馆北面的江水

2020 年 12 月 12 日

杨泗港大桥武昌江边的傍晚

“姥姥姥姥，几点钟？”
“姥姥姥姥，五点钟。我抓到你啦！”

玩老鹰抓小鸡的孩子和大人
笑声起伏

几个穿制服的安保人员在跑步：
“你慢点！你要跑骤死，
我们可没有连带责任。”

我翻围栏，走野路
碰到垂钓者和漂流木

堤外的蛐蛐
替堤内口吃的萨克斯哼完了牧羊曲

夕阳西沉
江水滚滚东逝

2021 年 6 月 20 日

不恋爱的白沙洲

“那边是白沙洲，
上大学时去过的。”

“谈恋爱的地方！”
“是的，但我整天就知道写诗！”

“你现在可没有整天写诗了，
也没见你恋爱！”

“以前的白沙洲，
在茫茫长江里……”

“现在在杨泗港大桥以西，
白沙洲大桥以东……”

“这样的簇拥适于远望，
不适于写诗和恋爱了！”

“时代喧嚣，
找不到一粒安静的沙子！”

2021 年 6 月 20 日

紫阳湖长廊记

我们在第一个长廊里
相识

我们在第二个长廊里
相拥

我们在第三个、第四个长廊里
争吵又和好

然后是接下来的几个长廊外
碰碰车、跳跳床上的童颜

现在是第九个长廊
我们坐在湖边看夕阳

我知道
月亮在等着我们

我很担心身边的年轻情侣
一下子用完他们的爱情

2018 年 2 月 28 日

紫阳公园记

在不同的景点
遇到同一对情侣

长亭记和仿古戏台的唱词
呼应紫阳阁的檐角

石鼓上的红孩子
摘下口罩
望着树顶的鸟巢

羽衣甘蓝和垂钓者的湖心亭
桃树成林

彩船和赏石
俯瞰游近棉花堆和银行大厦的红锦鲤

鱼吐泡
跃出长柄剑，或高楼的水中倒影
眺望岸上五彩的肥皂泡

我拍下这些
和拍下这些的情侣

2021 年 2 月 6 日

游楚望台遗址公园

风雨长亭里的
红色噪音
和并肩走过的情侣
见证了老武昌的变迁史

穿古装的二胎
在神龟前的自拍
吱呀着楚望台的遥念记

仿古城墙上的抖音
和二次元主播的中国红
刷新着融媒体

旅行套餐上的
碑林和山水
隔着泡面和自热米饭的
袅袅蒸汽

取景者随身携带的消毒湿巾
擦了眼镜
又擦手机

2021 年 2 月 6 日

图书城

自说自话的人太多
沉默的人也太多

古籍书
灰尘太多

电子书边的霓裳
抄袭了图书馆门前
紫色花椰菜的裙裾

“我的现在
记录了她的从前”

这儿有排书
头顶细雪和蓝天

2018 年 2 月 12 日

沙湖往事录

最先记起的
是满湖荷叶
及莲花之上
穿婚纱的蜻蜓和新娘

其次是被他人
以服饰辨认的心境与幸福

至于最后的颂歌
源自湖边的创世纪

和一群饮酒写诗的风

我如果爱过你
那就是晚霞和朝露
落进了怀里

2021 年 3 月 28 日

长春观

车水马龙的大东门、小东门
哦，姐妹！

每天路过的——
天文图全碑图

藏式与欧式建筑
御赐“甘棠”石刻

它年久日深的一草一木
和仙风道骨

你要拜访的真人
屏蔽街道与红尘

2021 年 10 月 10 日

长春观的雨

红墙灰瓦洗刷一新
观内的日月星辰洗刷一新
无意透入的市景洗刷一新

栾树与桐木洗刷一新
烦恼丝与垃圾桶洗刷一新
御赐甘棠洗刷一新
……

你听，古木们
借雨讲了好多老故事

2021 年 10 月 9 日

无影塔

女友跟我讲她失败的婚姻
和黑屏的投影

一个男人围着无影塔转了
三圈

一个女人坐在旁边的椅子上
发呆

“此塔为何叫无影塔？
果真是有身无影、有婚姻无爱情吗？”

他踩着自己的影子和塔的影子
她看见过

或许我们应该说无花果
或早谢的花朵

我们都曾踩着影子跑啊
哭啊笑啊

而这一切都淹没在黑暗中

2020 年 8 月 25 日

今日的宝通禅寺

敲木鱼者——身心不空
藏着旧时衣裳里的俗物

听任红尘中人——满腹牢骚
继续头疼、发烧，继续咬牙、磨刀

佛光不在头顶——在屋檐上
烟熏火燎，罩着抱佛脚的男女

无人骑坐白马取经
亦无行者横空出世，披祥云追随

念经的妇人
唱着黄粱

无闻钟声，但见手机震动、电视聒噪
——阿弥陀佛！佛光披拂！

洪山宝塔下
紫色外衣的菜薹头顶黄色小花冠

被裹挟山下
红尘有烟火之诗而无碧空之翅

2013 年 1 月 25 日

菜薹颂

洪山宝塔下的菜薹
越来越高越来越壮

越来越多的人享用着
苏词人错过的紫衣黄花

禅寺里的黑猫总能撞见
用香钱供奉神灵的香客

瞬间变身成
厨房里的烟火姑娘

2017 年 3 月 6 日

山中寺居

每天早晨
他在半山腰舞剑
她在寺廊下写诗

他的刀剑与她的纸笔
隔着寺院的白塔和经筒

每天上午
他们在山间漫步
遇到的僧人都顶着
落满花瓣的斗篷与钵盂

傍晚他们会去山下
但不垂钓不撒网
只是安静地观鱼群
在天空潜水

2019 年 1 月 27 日

梦时代与宝通寺

由西西弗书店的视角
看皇家黄的宝通寺
获得盛大的阳光
似纤尘不染的
明镜台

手边地球仪上的小字
成为即刻涌出的诗句中
的泪水、乡愁
与批注

捂嘴轻咳一声
护着花园的轻风和树荫
给灵魂以消减
奢华而高调的梦时代
与古朴而低调的宝通寺
之间的对峙或疏离

从日常絮叨中
搜取颂歌——
三餐四季，终生念经
红尘经、佛堂经

2023 年 6 月 26 日

403 国际艺术中心

历史有生锈的面孔
和被打磨锃亮的手

今生写下的最后一首诗
被新新人类吟诵
和当道具拍摄
收音机不再收音

被遗弃的军工品零件
与陶艺、书香
和归来者的签名
和谐相处

咖啡与目光丝绸
和悬挂的钢铁蝴蝶
被透过玻璃顶的阳光轻轻抚爱

我的热血抚摸了你的冰冷
废铁成为磁铁
敏感的人成为导体

在剧场的黑里
我们抱着深深的光芒

2015 年 9 月 7 日

关于水果湖

是水口、湖汊
也是讹变而来的
水果
水果派

就像放鹰台上
站着李白
和站在李白手掌上的鹰

吃鱼
也吃水果
和鱼与果的俚语、诗句

楚河汉街
是芳香族，也是江湖气

儿童公园里的
小小孩和老小孩
都是爱骑单车
爱坐绿皮火车和游船的
少壮派

2021 年 9 月 27 日

翻越学府围墙

飞鸟和树叶
任意越过学府围墙的上方

安置在围墙上
高压线旁的镜头

360 度旋转

而被遥控的无人机
并不能进入任何领域

你写出格的字格外醒目

有一天，它会被追为
最美的字体

我记得一张张
探出墙外的脸

2018 年 10 月 24 日

珞珈游

要看到
蓝天白云、月亮星星

要看到
小鸟风筝、花蝶光影

要看到
你看书本和远方的眼神

古银杏叶飘满樱花大道
宝通寺的雨下在珞珈山

刷手机的学子
无视橱窗里的蓝图

我又开始偏头疼了

而，手边没有戒尺
也没有止痛药

不得已在雨里收拢翅膀
在风中屏住呼吸

2018 年 12 月 17 日

玩偶储藏间与博物馆

拉出风
拉出风中玩偶身体里
的棉花、布条、稻草、纸牌
换掉的门牙
成长的弹珠
眼泪
第一张字条
美术拼贴画

和已绘制的自行车
重新踏出的
道路
尊贵的人格
思想絮语
自白体小说
……
漫游
图书馆
地球
回音
名声
传记

不断增加的玩偶
不断扩容的博物馆

不断聚集的废墟

留下的
金镶宝石帽顶、腰带
暴露的身份
马赛克拼贴

不断移动叠加的
蒙太奇
推动岁月之波
朝向远方的地平线
耸立突兀的岩石、暗影

2023 年 5 月 21 日

植物园赏郁金香

想起你在远方的夜色和孤独
我无力举起这么多热烈的酒杯

旧风吹着
新裙的优雅花边

阳光盛大，而忧伤汹涌

坎迪王子啊，坎迪王子
我是最爱你的那人

但不是你的公主

这么多酒杯碎在你的王国里
也碎在星期六的东湖植物园里

2015 年 3 月 28 日

植物园

无数次呼出的繁华
或静下来的风
或者说，被翻阅的植物百科全书
你拥有四季的容颜、芳香

猫足蜡梅、梨花、紫叶李
花瓷牡丹、月季、玫瑰
酒杯的郁金香
金色满天星的桂花
或我们叫出了名称
又必须忘记的那些

预约雨或晴天

满园生机
有轨观光电车停在上世纪

2023 年 12 月 7 日

行吟阁

夜露、阳光、暴雨和酒
行吟阁捧起东湖的波浪
在诗会的聚餐前
换下月光的黄鹤楼

请教那着长袍
在露天里站了几千年的诗尊
这么多诗句
这么多上下求索的诗句
哪一句回答了天问？

……更多的人
涌向圆形阶梯的剧场
看甩成汨罗江的长袖
旋开恢复手写体后的钢笔
行吟

2023 年 12 月 7 日

怀念东湖的一次朗读

泛蓝的胶片放出高音喇叭里的
语录、誓言、戏曲

地平线涌来的汽笛声、惊涛骇浪
和随你而至的风暴

时间过滤了高亢的朗诵体
而转向轻言细语

经湖心桥过爱情岛
我一路电瓶车至离骚碑

不用湿润喉咙，直接上台朗读

灯光打亮我的身影
和喉咙里的诗句

我一直怀念你的跟随
和杂草丛生的庭院

2018 年 10 月 27 日

恋爱时期的风光村

我们曾经在风光村
吃著名的臭鳜鱼
我记得那鱼在盘子里的形状
你几乎把整条鱼：它的心、肝……
和世界都给了我

最后，是臭鳜鱼
可以进史前博物馆的眼珠和身架

我们一别经年
因为鱼刺的后遗症
不再面对鱼
更不会面对同一条鱼

后来，我在鱼馆前的东湖鱼塘边
放生了孩童的宠物龟
和来自大别山的穿山甲

我想说
如果它们健在
有没有遇到当年如鲠在喉的爱情

2019 年 3 月 5 日

于博物馆旁的春野遇流星雨

白玉兰、紫玉兰、油菜花和垂柳
站在蒜苗、白菜、茼蒿、莴苣……
的四周

你戴在胸口的
古城堡藏品
站着一排给月亮喂元宵的天使

路边雕塑对时代的纪念
上面有晃头的摇滚

火烧云上
是朱雀唱给低海拔紫花的颂歌

追月的人
穿着镶钻的晚礼服
眨着星星的眼睛

成为被流星雨吻过的人

2022 年 3 月 12 日

以智能手机拍老相机博物馆

一座湖心的别墅
与倒影
构成的老相机博物馆

它们的先祖
我们的父辈
童年
青年

它们或厚重或轻巧的身体
沉默的枪托、模糊的面容
颤抖的丝巾与纽扣、静默的灰尘与指纹
和我们追寻的眼睛与脚步

记下了什么——

发黄的照片不能
银发不能
尘土更不能

你看，弹指一挥
也是拇指按下的 AI 人间

2021 年 9 月 25 日

写意故乡

清晨衣服的褶皱
撞见异乡乌托邦里
当年在故乡的原野上
扎下的苍耳

裤管惦念的荆棘丛
围绕被虚焦的故土
与虚置的神灵

分叉的丝毛笔
蘸上陈年的雨水
画下
瓦片的高光与霜
墙角蒙尘的五彩弹珠
发黄的吸墨纸

今天雨中翻阅
东湖的荷花教程
身上披满水珠
广阔的色域
这些被一位诗人
搬上写意的画布

2023 年 6 月 17 日

会所里的国学

音乐浸洇的会所里的国学
迎接着穿汉服的
诵读

诗中的锦鸡
还俗为山鸡
在木槿花下扇翅舞蹈之后
推开群山怀抱的静谧
与半掩的柴门

碗莲中的蜻蜓点着荷的花心
候场的
麻雀
盯着屏风墨画中
钛白的米粒

桌上缭绕香茗
小曲拨回表盘上的时针
彩墨临摹少年的鲜衣怒马
而轻风翻阅的诗集
有虫噬、有泪痕

2023 年 6 月 17 日

东湖新篇

这次是参观几代人的文学手稿
听颂一座英雄城市的英雄主义诗篇

行吟阁自然是永远的头阵
碧潭观鱼的粼粼对应于
鲁迅广场前的星空投影至朗诵会的坐标：
长天楼户外草坪
流动的诗歌银河系
群星闪烁

吟诗的歌喉与伴舞的水袖
把颂声传至更远
秋风适度
带来桂花的天然香熏

诗篇散去短暂的雾气
我们看见满天星

2023 年 10 月 26 日

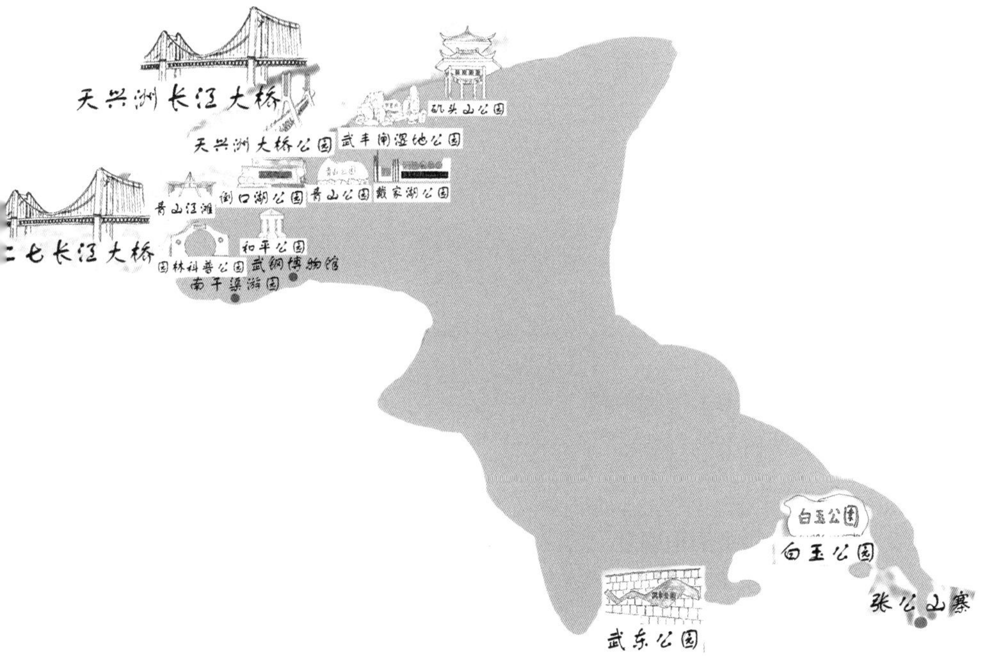
天兴洲长江大桥
矶头山公园
天兴洲大桥公园
武丰闸湿地公园
倒口湖公园
青山公园
戴家湖公园
青山江滩
二七长江大桥
和平公园
园林科普公园
武钢博物馆
南干渠游园
白玉公园
白玉公园
张公山寨
武东公园

园林科普记

记住了初识的花毛莨：叶似芹菜，花似牡丹
混淆了旧识：海棠、碧桃

“你总是记不住她们的花衣，
像记不住美女的芳名！”

“不怪老花眼视樱花树为小香樟，
而怪下了一周的雨劫了花色！”

白玉兰、紫玉兰熄灭了火炬
郁金香瘦小
榕树叶肥大
巨紫荆站成一排

我不拍地上的无情物
而拍树上的鸟巢

看看墙头的山麻秆

存在即合理——
我画的树花叶一体

2021 年 3 月 20 日

青山江滩

沿岸火棘与野豌豆的镜头
皱着红房子倾听火车轰鸣的眉头

男人在足球场流汗
女人在捷腾体育的饮吧

江边的老者只遇到小鱼
而没有遇到梦想的中华鲟

码头升降机
装着夕阳入眠

不眠的大桥啊
上层跑着汽车
下层跑着高铁
桥下驶过货轮

我坐着不动
睡了几个世纪

江水挽着波浪的手臂亲吻我的脚趾

2021 年 3 月 14 日

火车头

每个书店都有
一只可爱的猫

和几段并不
符合调性的音乐

我揭下终将
换下的新书海报

在黄昏的
鸡尾酒会开始时离开

步行下楼
向东走三个小时

去看了郊外
一处废弃的火车头

2018 年 7 月 6 日

在和平公园

练声者自带扩音器
歌声惊散群鸟

而蝴蝶只爱飞舞
孩子只爱摩天轮

我自拍你爱的
风情万种

把月季当玫瑰
月季园就成了玫瑰园

回廊光影斑驳
像圣殿的福光

学生在公园旁的校园做考题
父母在拍照

我站在野荷旁
依然是位佳人

2015 年 8 月 30 日

倒口湖公园

最醒目的不是
大事记广场上的
水文标志景观柱

而是柱上的数字
太阳的反光
或下淌的雨水

是溢出的江水
在讲述倒口湖的历史

管涌遗址无管涌

花园小屋和昆虫旅馆
是洪水退去后的当下
和外衣

……和树木花草一样
是覆盖水腥的景观和芳香剂

而水杉笔直
鸟巢一直是鸟巢

2021 年 3 月 20 日

南干渠游园

有水杉、水杉上一梯两户的鸟巢
有樱花、海棠
大吴风草、红花檵木
蚊母树、山麻秆

集水塘
雨水花园
碎拼广场

树枝间的蜘蛛或太阳

你搬着梯子
我拿着相机

穿越横跨三条主干道的南干渠

有很多休息椅
和逸致

苏打饼成考察午餐
老花眼没认出
被雨水脱掉碎花裙的紫叶李

2021 年 3 月 20 日

武钢博物馆

避开十字路口
长如火车头的货车
进博物馆大门

氧化铁矿石边
站着好奇的少年

等待进馆后
按 17 个触摸屏和 22 个液晶显示屏
滚出各个时代的冶金

先科普
再发问：
在工业与农业之间
在钢铁与自然之间

更爱谁?

2021 年 3 月 20 日

戴家湖公园

这坐头顶武广高铁与三环线高架的公园
最强烈的对比，不是鲜花和钢铁的对比

不是金字塔钢雕铁锈红的零部件
与飘落于它说明牌上的樱花粉的对比

不是日晷的指针指向的蔚蓝天
和焊住它基座的煤灰色的对比

不是美颜手机和架在湖边的高射炮镜头的对比
不是作为景观的绿皮火车与你青春期追火车的对比

最强烈的对比恰恰是
我的手工长毛衣撞色于这座公园的全部铁锈

嬉闹的孩童视工业园上空的三条高速道
和地面数列蜈蚣的火车、颤抖的蒲公英
为玩具

而我长久地注视着这尊钢铁筑就的日晷
在日晷的指针方向等一列轰隆隆驶来的岁月

2021 年 3 月 13 日

作为景观的绿皮火车

公园里
作为景观的绿皮火车
有些欢呼的孩子
朋克与小资

以前我们坐过它的同款
去北京去西藏
去罗湖去哈尔滨
现在我坐它去
你改乘了高铁或飞机的

心房

中年的煎饼果子
怀念少年的棉花糖

锈坏的同心锁
和誓言，比如：
“某某，我爱你！”
也成了怀旧景观

2021 年 3 月 13 日

青山公园

这里盛开对比于戴家湖钢铁的繁花
梅花开过之后是樱花、海棠

拍抖音的女子
换了几套古装

我依然是铁锈红的手工毛衣

不是钢铁倾慕于鲜花
是工业致敬于自然

你看
公园入口处岩石顶上的迎春花
绿黄摇曳于
浅棕之上

彩色船驶过
粉白樱花倒映的湖水

我们于观景亭
拍了东边的花海
又拍了夕阳落进鸟巢的刹那

2021 年 3 月 13 日

高架桥下的鸟巢

玛雅海滩旁边大桥下的群鸟
是穿过高空黑岩石和棉花糖的云朵
飞来的

它们并非全在高枝上筑巢
而在紧贴地面的荆棘丛中

这样的勇气
多半是基于美好的生态

和在玛雅沙滩上嬉戏
而不再来捣蛋的孩童

我看到几枚孔雀蓝色的鸟蛋
撞色于我的春秋连衣裙

……这惊喜，似被苍茫的芦苇
金色的鸟巢和无限的蓝天抚爱

2021 年 3 月 14 日

天兴洲大桥公园

穿迷彩服的发电箱
挨着镜头里同高于斜拉桥的电线杆

涂着白石灰的紫薇树茎上挂着
“正在打药中”的牌子

梅树早已过了花期
香樟树下
午睡的人枕着天兴洲桥上的震幅

高楼俯瞰公园中央写着桥赋的石书

瓜子、开心果和着自热米饭的午餐
落入蜈蚣的火车

辨认过野豌豆的形色
又认出车轴草上的心形圈

如此幸运
你坐过的火车刚好经过我的梦境

2021 年 3 月 14 日

武丰闸湿地公园

在竖有标识牌的湿地上
邂逅海绵城市的彩木船

长钢管是水上飘的道具

北边的斜拉桥
拽住湿地高压线架的电流声

怪木栈道上
跑着小女孩的粉色披风
响着旧亭前的咿呀呀

春分戴着薄雾
风筝搁在香樟树上

2021 年 3 月 20 日

矶头山公园

现在挡住了过去
知道望不到黄鹤楼
我们还是上了矶头山

从观景亭看到的江面
只有数小块
敞开的胸襟
只能拥遮天的树木

“危地，快速撤离！”
好吧，下几百级台阶！

傍晚上山的人
像鬼鬼祟祟的偷渡者

2021 年 3 月 20 日

武东公园

左手是公园、右手是住宅的
湖畔花园

水杉、玉兰、海棠……
和被我叫作紫色油菜花的诸葛菜
也在湖畔

严西湖的对岸
有好看的徽派（建筑）

垂钓的人爱上发呆的人

“你怎么这么美”的歌声
吓走了搭讪的鱼鲜

2021 年 3 月 21 日

白玉公园

一群紫衣的小少女
举着火炬

穿粉衣的女孩捡了白玉兰花瓣
闻了闻
放到水面
喂鱼

一只只随风漂流的小船
乘上蚂蚁和蜻蜓

等在岸边的木芙蓉
成了空心棉桃

“站住，站位，前面有大灰狼！”

严西湖的小银鱼
游进水车上的木桶……

2021 年 3 月 21 日

张公山寨

往返于古村落与古战场的火车
坐着孩子和他们的父母

更多的小朋友
在主道上玩着充气舞者、挖土吊车

只有三五位少年
拍着点将台边的十二属相和银象金狮

射击场上穿古装的双胞胎女孩在开弓
仿佛大小乔尚不识正长成的英雄

东吴营地陪孩子荡秋千的一群人
因追溯历史发生争执

“吵什么？有本事到古船上打几场，鼎个三国！”
三个男人气宇轩昂地走过吸水神兽，到了古渡口

我们绕过张之洞雕像，回到景区入口
买了几位村妇的土菜：地衣、枸杞、薄荷、水芹

2021 年 3 月 21 日

天兴洲
杨春湖公园
北洋桥公园
白马洲头
张公山寨
严西湖
东湖
落雁岛
万国公园
听笛桥
街道口
喻家湖
九峰水库
兰亭公园
龙山溪
花溪公园
活水公园
幸福湾公园
荷兰风情园
文华学院红枫长廊
山水公园
西苑公园
豹子溪公园
胜利公园
SHENGLI PARK
巡司河
晚南湖
南湖
野芷湖
白沙洲
胜利公园
烽火游园
二妃山
黄家湖

从街道口开始的纪念

街道口，我写它，不是因为
我住在它的南面，
要到它的北面去看病购物；
不是因为我在北面那所著名的大学
闲置的石门下错失了爱情。
一定有别的原因，
让我提到它北面的军区、医院；
南面的艺校、书店；
还有 6 家隔街数钱的银行。
多年来，我一直有情可抒，没钱可存。
车流、人海、噪音
若干红绿灯
和别的街道没什么不同。
但我还是要写到它，
那是因为我在它的某个小区
怀着古愁写着新诗。

2004 年 10 月 11 日

街道口，十二月，等雪

雨阳棚铺下
叮叮当当的流苏雨帘、咳嗽撕扯吟唱的浮雕丝绸
高音到了破嗓处，亮起黑暗中的应急灯

这不是练声
不是花园里的金兔、仓鼠与栗子的游戏时间

是剧院、艺校、809 人民公社、安庆饺子馆、未来公馆
省军区、妇幼医院、建设银行、武大门牌、新世界
群光、流行视窗、理工大、洪山税务局
……的敬业时间

是个人的、集体的大换季、大总结、大面壁时刻
是冰封时节，也是破冰时节
是弹琴、诵经时刻，也是祷告、感恩时刻

你依然爱着
苍穹之下香芋紫、克莱因蓝、干枯玫瑰色
……的琉璃管流苏飘向白茫茫的原野：
“你看，冰面上那么多白冰花，是谁折的千纸鹤？”

京剧院门前
此刻等雪的人也是昨夜驱车旷野看星星的人

2023 年 12 月 10 日

街道口回忆录

仍然有小鸟飞到窗前
唱

我起身擦玻璃窗的
雾气

不断有风吹叶卷之声
落进不停走着的壁钟

确定的早餐时间
鸣响十点

还没煮熟的稀饭沸水
熄灭了过期的长寿面

“去年此时，你在哪？
做什么？”

不知疲倦的时钟
不会回忆它记录过的任何事物

2021 年 1 月 23 日

花园的下午

花园这边我在看书
花园那边一个女孩在唱戏

她的唱腔和身段
牢牢吸住了我的目光

我突然听到自己
胸腔里的啜泣声

像疯狂跳过沙滩的
海浪

不是她，是光影和微风
从不同的方向抚慰我

带出我身体里一群美丽的
姐妹和儿女

2018 年 5 月 9 日

由傍晚至午夜走过花溪公园

闪亮的湖面
长睡莲、水草、浮萍
和免费的日月星辰、廉价的泪水
和你躬身打出的问号
追尾的青春

对面南湖山庄的誓言
住在陌生人的屋子里
我不可能再年轻一次
再张开双臂
拥抱过去的视线触及你的对称半径——
这是夜晚的花溪公园
走过了傍晚的小镰仓

我们爱过的格子衣
寂然走过 AI 的
美颜相机

玫瑰，你好
月季，你好
美人蕉，你好
童年的牵牛花，你好
妈妈的蛾眉豆，你好
姐姐的蛾眉月，你好

咳嗽，你好
老花眼，你好
避开的阴影和故人，你好
迎接的朝阳和雾水，你好

我走过的，都在这对称里
恰如蜻蜓点水的倒影

2021 年 9 月 25 日

幸福湾

一队老者的晨练，慢成机器人的分解动作

湖边绿林中的力量、灯塔、高度五米的不锈钢火焰
唤醒鸟声与吟唱

湖面新莲之下的太阳
闪耀在鱼儿跃起的涟漪里

几只鸟在浮鱼竿上站成雕像

我伫望革命者的起义、诗人的哥德巴赫猜想的雕像
围墙边的月季和红色路上的要事记

右边：火炬莲、锦带花的湖岸
左边：太极拳、园林剪和植物修复区——
再力花、香蒲、美人蕉的挺水植物
莲花的浮叶植物
苦草的沉水植物

养草鱼、鲤鱼、花莲或白莲……
“你回乌兰浩特吗？”
“我回访 17 年前初访的湖居，这里住着幸福的人！”

2021 年 4 月 28 日

活水公园

溪涧旁，小孩放下小鱼篓
摸了摸水中刚刚才醒的睡莲

玉带桥边，金属水车上的勺子
舀着了水面上的蜻蜓

老人拉家常的凉亭
连着荷花丛中的亲水平台

水上白鹭与岸边的白鹭组雕
互相注目

文化广场的鸽子上
立着奥特曼和跳芭蕾的女孩

练曲的人收好音响
骑上共享单车过红渠路

巡司河铺满水葫芦

货郎经过迷路的孩子——
“收头发，收长头发！”

2021 年 7 月 18 日

巡司河

不是沉水、浮叶、挺水植物……
治理了武汉的龙须沟
是我们的嗅觉和双手

水葫芦让出的水面泊着清污船
岸边立着紫色再力花和千屈菜
萱草下的青苔和腐叶里
长着肉感的地衣

风播散着
大自然的清新剂
和香水瓶

我领养的水域
只种蓝天白云
和星星

2021 年 7 月 18 日

烽火游园

石名旁的
紫娇花上
栖着绿蜻蜓和彩蝶

土坡上
狼尾草迎立的石板路
跑着蜈蚣的火车

凉亭里有空纸杯

游园的人
在树荫下刷抖音

追风筝的人
止步于漫水的涵洞口

看蚊虫泅渡

2021 年 7 月 18 日

胜利公园

照着大太阳的胜利公园
有熟悉的花朵、树木和炎热

路边灯柱的形状与图案
是强健的运动姿势

我输入了今天的水印
同时在灯柱旁的裸石上写了一句诗——

“是的，胜利！”
挺住的玫瑰是最好的标签

2021 年 7 月 18 日

野芷湖

曾经在此岸的视觉书屋与合美术馆顶部
向彼岸的烟蒙与辽阔行注目礼

可那时没有鲜花
和车马

如今，盛夏
怀揣手机和黄金
导航而至
所行皆是沿湖小道

阳光炙烤水文台
和光着膀子的垂钓者

蝉声热烈
水葫芦密集
去往湖心七号教室的小道已阻断

无法回放
撒哈拉手绘的鱼和阿毛诵读的诗

2021 年 7 月 18 日

夏天的黄家湖边

我到夏天的湖边
吹湖风
采水莲

不意碰到
这么多好看的花：
再力花、千屈菜、美人蕉、水葱……

我报出花名的同时
辨出它们的蓝紫、玫红、浅粉、咖棕……

因为群芳谱
我乐于说出百家姓

乐于说出这片湖泊的姓氏：
“花姐姐，这湖姓黄！”

2021 年 7 月 18 日

韵湖边的歌者

从阳台上看到粼粼波光
金色、银色、或多种色。每天

每天对着它们
唱一首歌、写一句诗

歌声的体积和重量
等同于湖水
诗句长度绕了韵湖三圈

现在她在湖岸
坐上蚱蜢舟
去打捞从花地飞来的锡纸蝶
和
变调的流行曲
变色的绣线菊

2021 年 4 月 28 日

荷兰风情园

婚礼门廊、月季玫瑰、涂鸦屋、风筝水车
已经开过的郁金香
都是荷兰风情的

她回到故园
“我认不出你了！
你何时整容又易名？”

但地址没变
是的，关山公园

你的市景
你的太极、汉剧
仍是关山的

荷兰的阿纳姆啊，
这是中国武汉！

2021 年 4 月 28 日

初冬观枫叶所感

自然派的颗粒羊绒
拜访学院派皮革雕花的红枫叶

他运镜拍摄的逆光剪影
进入书签

“妈妈，好多麻雀！它们飞起来像燕子！”
盛装的二胎在铺满松针的山道上追松鼠

野鸭与天鹅
在水边梳理羽毛
倒影也在梳理

植物季节性枯萎
栾树还站在树巅检阅过往航线

阳光很好
轻微的颤抖像悄然而至的喜悦

2021 年 12 月 4 日

登二妃山

终于跑过了连绵不绝的雨水
与瑟瑟发抖的风

向上的路由 35 度坡
和落在坡边的红色锦带花、白色大滨菊
与不知名的花草陪同

秋天铺满粉黛乱子草的地域
春天被绿色车轴草占据

玩具吉普由封锁的二妃井出发
绕过半山腰红墙东边的古墓群
向山顶冲刺

我们超越它到达山顶
山下奥体中心的鸟巢与欧洲小镇之间
是辽阔的湿地

一边紫气一边白雾
站在中间的我们
被天然氧吧宠溺
却孤寂得不知东西

2021 年 4 月 24 日

豹子溪公园

豹子是没有的
溪是小溪

是在建公园里的
闲花小径
与狗尾巴草守护的云心

碎石路上的张三疯槟榔袋
和七匹狼纯境烟盒
由园林工人的手掌
落入秋阳里，安静而醒目

还没拆掉护架的塔楼投影
像观音的千手

开园在即
告诉设计师：

“豹子应该在东边
甩出一条长尾巴！”

2021 年 9 月 30 日

雨中的西苑花地

春天遍地秋英
紫娇花的小伞

雨在拍摄
黑白过渡为浅彩的电影

音箱模拟了蘑菇和鸟巢

一棵傲然独立的香樟
成为一只孤独鸟的别墅

餐风饮露者
醉卧花瓣的棉絮上

繁花绣边的青石板路
涌来喧闹的人

2021 年 4 月 24 日

九峰水库边的栖息者

九峰水库边的细叶紫花
形色辨识不了

先说：这有点难到我了
后乱认一气：
萼距花、水苏、香青兰

它叫什么已不重要了
重要的是
我记住了这些因它而来的
陌生又美好的名字

和它在雨中寂然无名
又楚楚动人的样子

2021 年 4 月 24 日

兰亭公园的碎花长卷

山水、石头
也是备忘录的纸笔
在九峰一路
和书博东路之间的
水石墨宝
点缀着
对面的植物园
过来播洒的野花组合：
粉白麦蓝菜、红罂粟、蓝蓟
簇拥数十米
像站在绿地毯上的
满天星
又像我的彩墨写意里
风披着碎花舞蹈的曳地长裙

2021 年 4 月 24 日

山水公园

吸引我的
是它南边耸立的
一粒
玻璃和铝单板的
巨型种子

或桃子

仿佛伫立不动而又闪闪发光的
天外来客

而它并不气馁
对这建筑科技金属派
宣称：我是自然主义的山水

2021 年 4 月 27 日

周末的龙山溪

红色杉木下
金色草地
扎着大大小小的帐篷

帐篷看着——

溪边的山水年华与马蹄莲
溪中它们的倒影与运镜师捕捉的夕阳

水黾以脚尖荡起微澜
与蜻蜓荡起的
一样好看

钓鱼的高工
在木栈桥上
站了一下午

她放生了小鱼
也放生了梦游的锦鲤

2021 年 12 月 4 日

严西湖

麻雀起床了
太阳也是

你的懒腰
碰到的欢乐与悲伤
都是昨天的库存

驱车至严西湖边
画一只起飞的水鸟

它的双翅抖落的水滴
正好落入你的眼里

而身后的山坡
飞来的滑翔伞
和彩云一起
栖在湖边的绿色草坪

2022 年 5 月 1 日

去马鞍山过喻家湖小歇

秋天的酒红烈于夏天的蔚蓝
我爱上了老冰棍
大檐帽和太阳镜的偏色

他在抽烟遛狗
她在听歌绣花

喻家湖边与一只蜻蜓的对视
变成树下夫妻的乘凉
树上飞类的栖息

两只蝴蝶扮成紫叶李
成全速写的美术生

又一架飞机
从头顶树叶装饰的蓝天飞过

已经下午三点了
该去拜访马鞍山那边的豹子溪了

2021 年 9 月 25 日

这么多马鞍山

安徽的、内蒙古的、四川的、浙江的、香港的……
有近三十座马鞍山，但我以前只知道安徽的

七月因为拜谒锺子期墓，才知道蔡甸也有马鞍山
但是今天，我驱车前往的马鞍山，在武昌

秋天依然酷暑
经过长长的东湖隧道后，停车在湖滨歇息

在名焉不详的水草面前
花伴侣不如形色、无人机不如低飞的蜻蜓

后来，它们也倦了
在树枝上栖成紫叶李

微风吹不醒它们
高空路过的飞机也吵不醒它们

这么多，这么多来自马鞍山的蜻蜓
告诉我马鞍山到底在哪里？

2021 年 9 月 25 日

鹅毛扇与时见鹿

隐士的鹅毛扇变成了苍蝇拍

拍着昆虫的绿钻石脑袋
红石榴国度拥挤的人民
和密集恐惧症者
手心的湿疹水泡

多么荒谬——
鹅毛扇遮住时见鹿
一线天
半壁山

阴影里有玉人
有锈钉
和虫蚀的荷叶花边
蕾丝与寂寞芭蕾舞者的脚尖

一跃居树梢
再跃升青天

你说，时见鹿啊
我的鹅毛扇也拍过神仙

2021 年 10 月 8 日

向日葵经典说

年轻时
把向日葵视为可以捏脸蛋儿的天才
或见面即行注目礼的德高者
所以，我在后来的这些年
把它们从眼里、身上、书中
疏离开来

“我甚至不愿与它们合影！”
当经典已经被媚俗
我拒绝给它们重新封神
“因为有时候经典也意味着老朽！”

此刻，冷眼看
她们把向日葵悬在头顶
别在腰间

2023 年 10 月 29 日

东湖听笛桥速记

一个被烦恼丝缠绕的人
在湖边
理她的玫红色假发

手臂够不着鱼竿
用手机
剪水花
剪白鹭迎着阳光的T台、水杉、多角帐篷与风

休整区域的水中贵族
伴着香蕉以脱皮开出的方尖碑和花朵

添加一处速写：
光影下重读的书籍
长堤岸飞奔的单车

2024年1月13日

岁末写在万国公园

蝴蝶栖在钢铁的跷跷板上，把蜻蜓弹上了柳树
湖边靠着稻草人的七星瓢虫
望着对面轰隆隆梳过去的高铁拉链
林边高坡上的彩色蜗牛，守着冬植绿被

明信片绘出的万国风情
在东湖和东湖绿道之间——
城堡尖顶、罗马回廊、荷兰风车
金字塔、埃及神殿
的光影里
有白兔、青蛙、蜗牛
童声、情侣、老年斑
和一位踯躅诗人的羊皮卷

被无人机拍下的
墨迹与垂钓者飞出的渔线
同框

是时候告别了！
疲惫的我
借清风翻去 2023 年的最后一天

2023 年 12 月 31 日

落雁岛

在水面飞行和天空飞行
所见不同
比如雁摄入鱼和无人机摄入万物

在岸边照镜和在水中照镜不同
比如蓝色帐篷和红黄桐木的倒影是真身
而红蓼草和蓝草花是红蓝碎浪

挺立水面的荷叶
镶着灰绿的蕾丝花边

她在刷抖音
你在吹口琴

桥上杨姓雕塑要射出的箭正对着
摄影师拍着的落日和舞者的兰花指拂着的游船尾浪

“桂花正香呢！又开了樱花和桃花！”

如此不朽的春秋、太阳、光影
安慰着昙花
和幻灭之心

2021 年 10 月 24 日

白马洲头晒太阳记

轻度骨量减少者遵医嘱
晒太阳
补钙
顺便治愈
长夜积累而成的抑郁

记下树梢上的黄鹂
对草地上朱雀的表白

芦苇荡站在
火山石上的摇曳与矜持
照看着秋阳下的煎鸡蛋与蛋黄派
和灰色钢盔雕像下的
白色长裙
与哈哈镜

蝴蝶挤进粉黛子的网页上

被治愈的
还有错季绽放的
重瓣樱花与美人蕉

2021 年 10 月 23 日

杨春湖畔

是旗边的社区
也是不断进站与出发的高铁和占据半个湖面的绿草
给高空留了半边天

进门是多党合作主题公园

孩子们嗅着橘色运树车卸下的碧桃
——这些花树十分钟后
被吊车长臂精准放入园林工人挖好的树坑

玫红加入粉红
……一切的红
在万绿的掩映中

热电厂的白烟、往返高铁的轰隆
连接自然的蛙鸣与工业的噪音

高压塔下的地面上
站立着笔直的黄花

老人和孩子先后走过
红的醒目，绿的舒心

2021 年 3 月 14 日

北洋桥公园

蓝色女牛仔与粉红垂丝海棠的合影
在东湖港的绿色倒映中

在红色鲤鱼绕过白色岩石的静默里
拂过天鹅绒的青苔和水草

你含在口中的甘草片
吸吮河渠两岸的花草清香

此刻，童车跑过
最古老的北洋桥——

“妈妈，你等一下我们！”
“爸爸，你看落花、小鱼推动了石头！”

童音盖过了百米外的钢锯声

坐在河边发呆的钢城工人
把口罩移至下巴处打盹
垂头的频率同于亲吻水面的柳丝

“下次把帐篷搭在北洋桥边！”

2021 年 3 月 14 日

壬寅年初秋天兴洲之所见

我坐在沙漠上
白天看摩托、越野、单车
和白裙、红裙特种生物
的独秀或群舞

看太阳、风筝
和无人机拍摄的广袤白沙与空濛

我坐在几月前的江底
看游弋的中华鲟、江豚与漂流木

脚边的凤眼蓝、小鱼儿
看着身下的水葫芦、身边的小水洼
怀想浩荡的江水

仿佛不曾是奔腾的长江而是浩瀚的沙漠
……枯瘦如柴的族类
渴望着水

而巨大的夜空
降下流星雨
却没降下豪奢的雨

2022 年 9 月 24 日

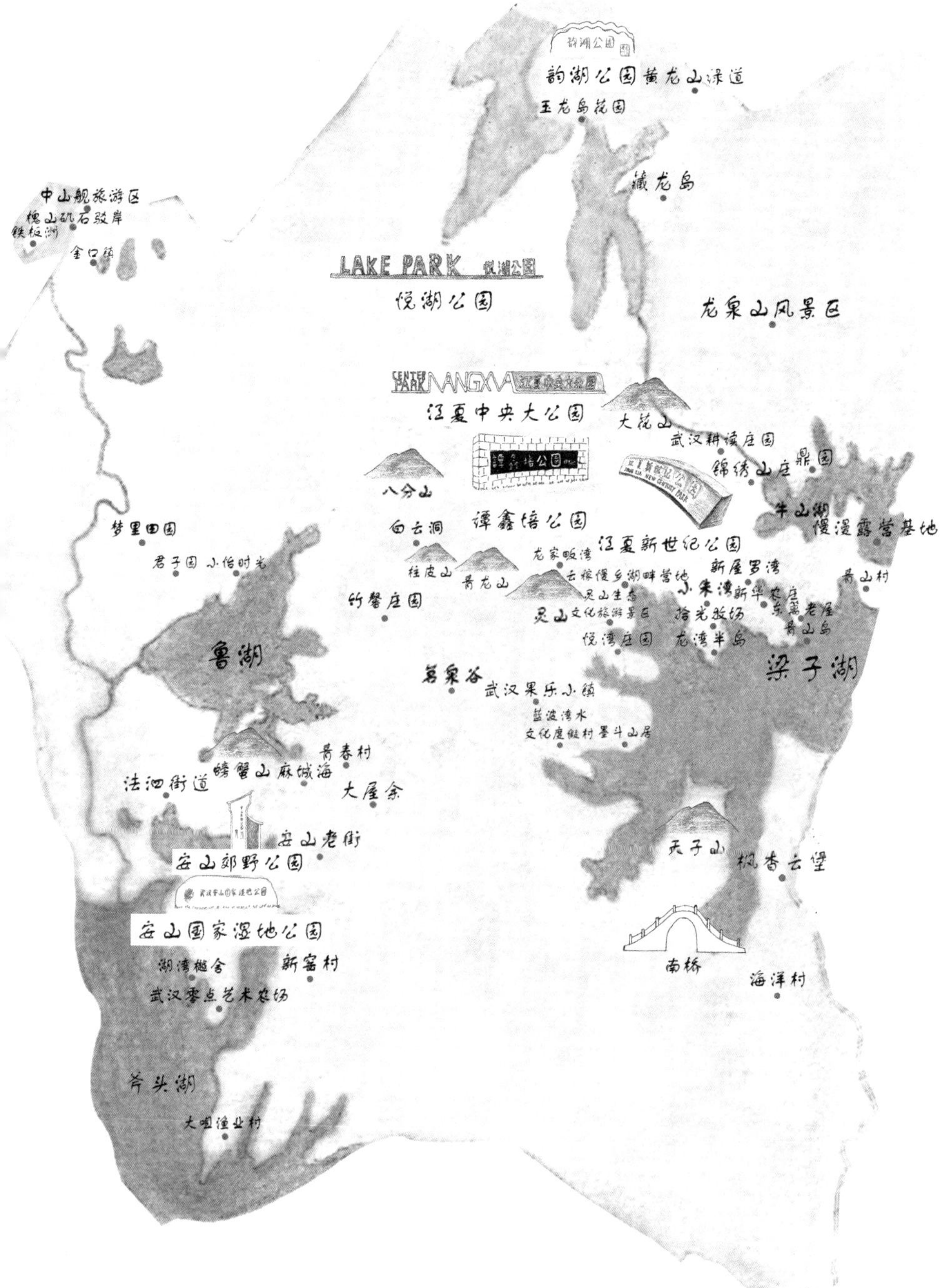
韵湖公园
韵湖公园
黄龙山绿道
玉龙岛花园
藏龙岛
中山舰旅游区
槐山矶石驳岸
铁板洲
金口镇
LAKE PARK 悦湖公园
悦湖公园
龙泉山风景区
CENTER PARK JIANGXIA 江夏中央大公园
江夏中央大公园
大花山
武汉耕读庄园
锦绣山庄
鼎园
谭鑫培公园
八分山
JIANG XIA NEW CENTURY PARK
谭鑫培公园
牛山湖
慢漫露营基地
梦里田园
白云洞
龙家畈湾
江夏新世纪公园
新屋罗湾
君子园
小怡时光
桂皮山
青龙山
云稼慢乡湖畔营地
灵山生态
小朱湾
新华农庄
青山村
竹馨庄园
灵山文化旅游景区
拾光牧场
东篱老屋
青山岛
悦湾庄园
龙湾半岛
鲁湖
梁子湖
茗泉谷
武汉果乐小镇
蓝波湾水
文化度假村
墨斗山居
青春村
螃蟹山
麻城海
法泗街道
大屋余
安山老街
安山郊野公园
天子山
枫香云堡
武汉安山国家湿地公园
安山国家湿地公园
南桥
湖湾栖舍
新窑村
海洋村
武汉零点艺术农场
斧头湖
大咀渔业村

货币博物馆所见

一个着火红吊带裙的
女孩

从贝币、金币、布币……
到铸币、纸钞、手票的 N 个展厅

一会吃冰淇淋一会玩自拍
更多时候隔着玻璃

把各种材质、形状的货币
移到头顶、耳旁、胸前、手腕

最后抚了几下女王的头像
才蹬着蛋糕鞋慢慢离开

2018 年 6 月 21 日

放下手枪的图书馆

穿过雨帘去图书馆
走过门口
关闭了手枪式额温计的 AI
到天厅下的咖啡店
看恍惚的阅读者
和病中诗人一样
有着艾略特荒原聚会的绿色忧郁

……看雨打天棚玻璃
穹顶

罩着
发冷的
芳草冰淇淋
的味觉
和发烫的
咖啡书吧
的语调

2023 年 2 月 18 日

雨落晓南湖

武汉在下雨
晓南湖的学生誓言
撑住了三天的雨量
却落入返岸的泗渡

六角大楼的春山望
刻度波泰高速的抢课流
秃笔解冻了
香水瓶装的墨水

咖啡书吧的视频角
一字不落地朗读感恩赞
黄金、钻石、宝剑、麦穗和鱼干

遇到万花筒、颜如玉
可我眼神迷蒙

仅仅画下爬墙虎
望着紫叶李的车篷

落花飘过雨刷
顺水流顺水流

2023 年 2 月 28 日

山湖集

登山归来
抖掉雨水的金银
和咳嗽

站在阳台上
读小区的绿化带
和一本诗集的目录

七个晨祷
十个晚祷
和十五种迎风摇曳的花草

雨后游湖
香樟树的嫩绿耳钉、蚂蚁、满天星
鸟鸣、蛙声
飘落在帐篷外

一串星星的耳坠
寻找月亮的另一只

2022 年 4 月 23 日

黄龙山绿道

折翼天使在公园
执拗地购下十颗子弹
打下气球兔子和熊

“宝贝，切换动作时
慢一点，
这样才优雅！”

各色纱巾的中老年
舞着风和抖音

摄影少年手持云台
追着狗尾巴编织的皇冠奔跑

风吹过树叶
并无告别的话

独自漫步者
遇到
七颗樱花树
七个小少女
的秋天

2021 年 12 月 5 日

访玉龙岛花园

连体，和独栋别墅的外墙与内院
站着各种花卉与个性景观

湖边的独栋们更是骄傲与自恃
围墙站着猫头鹰与赶鸟器，花木从后院伸到湖心

我在骄阳下的走访
伴着狗吠
与惊慌
藏獒和各种名犬
像上膛的子弹，随时要射过来

不简单啊，不简单！
为让我入得内院
教授煞费苦心：
先是温柔呼唤、后是高压水枪
……待大小宠去了别院
终于引诗人进了厅堂

可是啊，可是
我几小时的岛上观光
怎么整得像入室寻窃？

2021 年 7 月 16 日

藏龙岛

湖边的科普长廊
是关于植物与鸟类的

而非
龙与藏龙

通往观光塔的山路上
坐着几群上冥想课与植物课的
驴友和学生

塔门锁了
它面前的台阶上
坐着刷抖音的
年轻人

“这里有一条游龙，
一条追火车的蜈蚣！”

2021 年 4 月 28 日

写诗于长江边新桥下

是日
阳光盛大秋风柔弱
在新建的灰色桥梁与久露的白色裸石之间的
红衣，有深深的无力与悲凉

路遇酒瓶成为漂流瓶、漂流木成为艺术坊的根雕

她确定
这碎石滩埋着宝石

她确定
肉眼不能直视强光、认不出强光中新桥的名字

她确定
双眼不能定格顺流的浮萍、双手不能挽着水流的手臂

而钓鱼者钓出了一桶喜头鱼
你抓取的诙谐中的诱饵
正好形似于风中飘荡的耳饰

我存在我写诗！

2022 年 10 月 16 日

金口镇古街

在四月上旬的丽阳下
走金口镇后山街的青石板路
老房子被蓝色铁板围住
被标识为
“危房！”

另一些翻修过的老屋
也显出了斑驳
不见昔日的辉煌
就像人生不能推倒重来

唯青石板恒久
婆婆纳、小黄花弥新
老奶奶手中的野韭菜
清香扑鼻

可口的藠头
会路过机车的旅程

2023 年 4 月 9 日

在中山舰博物馆外的堤上小憩

穿黑红衣裙的人
在躺椅上
看
从地下展厅延伸出的
白色气孔
和环绕它的
绿草黄花

距离上次拜访此地的火炬型白玉兰
已一月有余
现在引人注目的是高杆红叶石楠

过街到江边
满满一江水已淹没石驳岸的底层驳石

我无法刻度
不动的中山舰对应的长江不断变化的水位

只是接着高枝上
掉下的树叶
作史书的标志

2023 年 4 月 9 日

二访留云亭不遇

秋天石驳岸顶层
题名碑上的留云亭
被安全路栏所阻
我们望着层林驻足
回望长江
和江边惊险的抖音

此次，春日丽阳
江水大涨
漫过低层驳岸
和通往高处的石阶

钻铁丝栏的勇者
攀高层垂下来的绳索
跃上灯塔处
行往槐山

遵从“禁攀”警示的人
望滚滚长江
怀千年银杏树
诵留云亭的古诗词

2023 年 4 月 9 日

长江铁板洲

是江心洲的本名
它有蜈蚣洲、玉米洲的曾用名

是铁板一块
春生金黄油菜
夏长葱绿树林
更有铁锈红的秋
或灰或白的冬

由石驳岸出发的无人机
带着小美好的滤镜
放飞的蜻蜓风筝已高于灯塔

而我派遣的扁舟
已驶入它的油画丛林

2023 年 4 月 9 日

在槐山矶石驳岸观长江

靠着退流后的石驳岸行走
有接近悬崖的惊险和神殿的肃穆

面向江流的旅行箱开口
朝向
上溯的货轮、靠岸的漂流木、东流的水浮莲

嗡嗡的无人机
航拍人群、货轮与江流
或许
它可以替我去江心洲
寻找一群三十多年前的青春与雕塑

面向江心洲的思者与对着江流刷手机的人群
有着不一样的
角度、光线与背景人群

而自拍者
在古风和二次元之间
是夹生的当代
和孤独的垂钓者

2022 年 10 月 15 日

春天的石驳岸

避开在春天变成话痨的街市
拜访郊区的长江

等夕阳和穿克莱茵蓝裙装的金发女孩
把身边的长江变成爱琴海

我背对繁忙的货轮
和刚上岸的大锦鲤
看灯塔、石狮、无人机翅翼下的
游人
各显自拍神通
争上视频排行榜

融媒体里石驳岸上的孩子
望着风筝吹肥皂泡
经理想国
至乌有乡

视频号一再回放
撞上钩的鲟鱼、漂流瓶
和一切去往大海的信使

2023 年 3 月 4 日

悦湖公园

它们露天的、隐形的
房子

住着杨柳、栾树、水杉
草地帐篷、沙滩脚步
和阅读者的剪影

一声不响的雕塑
望着天空
或远方

不断上岸下岸的浪
戏弄沙蟹
与悦湖的鞋足

2021 年 11 月 27 日

风过大花山

山头、山尾的陡峭悬梯
不能省去
枯燥、漫长中途的无意义

风在山凹处
铺展石楠树下的青石板、沙子路
遇金樱子招待的蜜蜂群

山尾看到的全景
力图屏蔽故乡的丧事
“舅舅，你走好！
你的离世
我们无法告知卧床的母亲！”

跳离气喘吁吁的蟒蛇路
从蛮腰处
跃至青龙山绿道
终于可以歇歇了
所有透光的嫩芽都似茶叶忘情旋舞

对于风飘舞银发
打起的长结
解开就是

2023 年 4 月 8 日

大花山农庄

红橘子、红杉林
是大花山农庄、官塘水库
秋天的景色
我在春天闯入时
一个待发育、一个正翠绿

穿过乐华烧烤场
和它旁边的麻将桌、K 歌房
随情侣或亲子游的单车、轿车
由绿道行至水边

观树林中的帐篷
观帐篷里酣睡或向外张望的人
都像亲人

2023 年 4 月 9 日

过大花山登顶门

大花山边
江夏大道的水煮鱼
酸着从云南归来的牙口
“到此处刚起步”
气势磅礴的行者
走了太多弯路

一中高三学生的登顶签
指着六月的金榜题名

我不求登金顶
只想走平安路
木绣球、黄金条、檵木
记录祈福条和喃喃语

驿站长廊的油麻藤
飘着睡意
母亲的安眠药待快递
我不再手写体
她已看不懂家书

2023 年 4 月 15 日

柱皮山，小青岛

再一次看到青岛
看到青岛密密麻麻的红房子
是在江夏柱皮山

下午晚些时候
我们走盘山路
在拐弯的黄色护栏边远眺、拍照
杉木像伟男子守在一旁

观山顶发射塔
顶着夕阳，或火烧云的人
被摄入另一些大片的海报

比如理想国、比如乌有乡、比如桃花源

它们忽略的
山坡上那些石碑与塑料花
像骨钉
触到就冷就疼

所以，最适宜的头图
当是黑金框着蛋白、朱红

2023 年 4 月 9 日

最亲的菩萨

由洪山驱车半小时
到八分山

荒草蓝天
山坡一群稀有的土鸡
旧山上立着新寺

我在大雄宝殿的墙龛里
数菩萨

年迈的母亲跪拜着
口中低念：

“菩萨啊，
保佑我的儿女们！”

2019 年 10 月 7 日

重阳节登高八分山遇雨

众蚂蚁穿过青苔与杂草
爬向山顶

我们经过被荆棘、杉木注视的碎石道
登山

山顶雀跃的老小蚂蚁们
俯瞰八分山下的水库、帐篷
及全江夏的湖光山色

是日，庚子年重阳节
登高者众
或口罩，或裸脸

一对老蚂蚁避开众狂欢者
寻慈云寺右侧僻静山脊处
小憩
插茱萸

申时，白石上涌现无数黑蚁
蚊虫声起
树林漏下雨滴

旋即起身，收拾行装
随众蚂蚁

经慈云寺后门石径
络绎不绝地下山

2020 年 10 月 26 日

白云洞

云雾弥漫的洞中
经水帘的电子银河
过鬼屋到地下酒窖

出口处被驻守的醇香与惊恐
配合白云黄鹤下的假虎

少年拎下山的仓鼠
神似被平地上的套圈游戏惊吓的小宠物
陈列馆的锚雷
形似于艺术家的手碟
而艺术棉花糖
像彩虹

罩着口袋秀场的萌宠和飞碟
也演绎着
“别有洞天！”

2023 年 4 月 15 日

青龙山的秋天

咿呀呀的池边剧撕破纪念碑的寂静
秋天终归是热烈的果实和衰败的枯草唱着主角：
紫红色的蓼花挨靠金色柿子的树根
土色的壁虎蛇引出黑色的伸缩棒

“你敢拨打墓碑上的
一串号码吗？”
几支倾倒的杂色塑料花是将要腐烂的休止符

阳光透过覆盖山间小屋的树木
牵引手里的单反拍下
光头、小小地球仪、款款而来的蜻蜓的停机坪

不再拍别的了
只留空镜头
长出山顶的5G基站
被树木拥挤的天空和闯入镜头的打屁虫

“蚊子咬死了！”
百节虫和倒伏的树挡住下山的路

极目处
从高射炮走下和它主人聊天的宠物狗

2020年10月10日

花田喜事

江夏大道上
倒扣在吉普车顶的玫红色鸟巢
经过大花山越野丛林
到达幸福村

青春组合的旅拍
响着轻摇滚
到达灵山

四叶草的帐篷营地
散落桃花的 CD 口红和香水

在灵山明月池
黑木舟旁的白衣少女
顶着对岸的
灵花水瀑
剪辑美照

花田喜事
是失眠者
在油菜地里酣睡了一个春季

2023 年 4 月 2 日

人民聚集在广场上

人民聚集在广场上
像蚂蚁聚集在树桩上

——你的喊声被屏蔽

暮雀垂下的脑袋
挨近水流的地平线

我走了很长的路
需要停下来
倒一倒鞋里的沙子

宽慰睡去的晚星和醒来的晨露
错过的眼睛
与灵魂中的薄弱物质
喃喃祈求
“早夭者的转世与复活”

遇到此诗时
请像编者常做的那样——
以首句
作为无题诗的标题

2020 年 12 月 22 日

江夏中央大公园

我一下子生不出一对翅膀
去飞越大武汉的这座最大公园

而你手中的风筝可以

先飞过蓝色的马鞭草
红色的大滨菊
粉色的美人蕉
白色的荷花
再飞过碧浪青峰

那么高那么远
音乐喷泉也追不上你的电子水袖和无人机

我老了
就坐在湖边发呆写诗吧
芦苇会陪着我——
往光阴深处
变成飞花、蒲扇、吹箫和鹅毛笔

也留一些给你吧
供你俯向大地时用

2021 年 7 月 10 日

谭鑫培公园

仅有地铁口唱歌的艺术墙
是不够的

仅有广场上雕像的京韵和小桥边蓝黄风筝的旋舞
是不够的

红色戏楼里必得上演谭大师后裔的传奇
和演义

受感染与鼓舞的布衣或绸缎
大众
在树荫的湖边和粉莲的回廊
甩水袖——
“咿——呀——”

蜻蜓点了紫薇
又点湖中田田

“咿——呀——呀！”

水袖拂了几下
打着莲叶走过的光屁股孩童

2021 年 7 月 10 日

新世纪公园

被高楼围住的广场
立几处华表
踢几个球溜几场冰牵几条狗

广场边
树藤搭成的凉亭下
有着
自唱自歌自下自棋的
多频道欢乐
和悲伤

高音破嗓
红袖子走过环保箱
十二属相与静谧的竹林
到江夏大道

尽管是变味的防空广场
被误名的新世纪

我也不想看到太多整齐划一的广场舞
而希望看到
那些扮着蜜蜂和蝴蝶天使的孩童

2021 年 7 月 10 日

竹馨庄园往事

过山湖路
经星光大道旁的月见草
到竹馨庄园

全景里
有观赏湖中 24k 金的金鱼和 925 银的发丝
新鞋上的旧泥泞
朝向山地越野车、草莓棚、村在居

紫竹禅院的梵音
有伫听的古木、新枝

半山亭的午后诗学
怀念格子衫的青春和紫叶李的裙裾
变色墨镜
在美肤和大光圈之间辨认真颜

我们已经很久没有亲吻了
我怀疑我搂住的
只是江夏往事
只是风
只是亭边蔷薇钩住的半首诗

2023 年 4 月 29 日于竹馨庄园半山亭

半山亭

夏末被频繁造访的
半山亭
充满孤独的风声与独白

俊树青竹站岗、灌木丛绣边的山坡
和远处的蓝玻璃湖水
进入大艺家的山水图

你春天拜访过的
东边的寺院与楠木
现在承接更辽阔的蝉鸣
以瀑布之势淹没禅寺清音

有人在湖边花地大声表白：
“我爱你！”
有人在泥水漫天的 CS 战场高喊：
“救命！”

2023 年 11 月 6 日

梦里田园

闯入钢筋丛林的人
总是在夜半
生出翅膀
飞回田园——

瞧奶奶扎的稻草人
看姐姐绣的牡丹花
逗父亲在雪地上捕的鸟

追逐骑单车的哥哥
避开打弹弓的弟弟

我一直在脑中放长电影
绘彩笔连幅画

你看，这些回到宅基地的昔日少年
在四合院的墙面
签下了自己的乳名

2021 年 12 月 18 日

春天的梦想田园

春天的田园慢慢摒弃冬天的文案
而红菜薹依旧在解说词里灿烂

绿色杨柳枝轻拂的紫色诸葛菜
给白色牡丹园绣上了蕾丝边

蜜蜂的飞翔和抖音的轻风
舞动了牡丹的多重羽衣

午后的孔雀倦于开屏
而进入诗学小寐

牛群和羊驼在下坡
望着从草莓园出来的孩童

摄影师翻出此地的陈照：
前年树梢上的一梯三户变成了今年的独栋

而门口木藤鸟巢的道具
升级为白弯月的秋千

她佩戴的玉兔流苏耳坠和项链
撞款了月宫里的嫦娥

2024 年 3 月 30 日

君子园

大理石上的
君子语录
和碎花瓣

在秋天
我浏览过它的目录
但未及读更多的诗句

在通往被动房的大理石石阶上
立着梅花桩和星星
屋檐下飞来的燕子

已经吠累了的狗
认不出亲与疏
君子与小人

一群刷手机进君子园的人
今天都是君子

2021 年 12 月 18 日

鲁湖的小怡时光

由道路交叉口的斑马线与湖滨等要素
合辑而成的小镰仓
飞驰情侣自行车
掠影湿地树枝上的白鹭开成的白玉兰
签收艳阳与轻风

过鲁湖小隐
至小怡时光

打卡墙绚丽的雨丝下
是手握红伞的倩影

转角遇到爱

这些与油菜花坡上的三两农舍
成为小怡时光的明信片背景

田园的清新风、芳香剂——
篱笆上的蘑菇
衣袖、裤管上的花粉
栖在肩上的兔子与蝴蝶
共频于小徐手磨豆浆的音乐

2024 年 3 月 30 日

鲁湖边

我站立的湖边
姓鲁

吹拂的风姓鲁
摇曳的芦苇姓鲁

蚌壳、铁丝
玻璃、纽扣……姓鲁

消失的水军……姓鲁

异姓的花啊、鸟啊
路人啊……

你们看见的天然博物馆
三国时就开始姓鲁

2021 年 12 月 18 日

春日在溪边吊床上而作

小溪对边
一只白猫蹲在迎春花下看着我

我不是老鼠
也不是它的故友

溪中，小鱼小虾尽情荡着涟漪
水虫也不甘示弱

溪边，狗尾巴草垂下夕阳
微风渐凉

十里桃花都春眠了
我也在吊床上消磨了三生三世

而菜青虫、地老虎
才刚刚出生

……那只猫还在原地

2022 年 3 月 13 日于鲁湖边

茗泉谷遇婚车队

花坡围绕的高亭
坐着高谈阔论的人
也坐着沉默不语的人

但皆非指点江山者

风声和我
录下的翠绿和金黄
此刻，在茗泉谷的蓝天和清流里

放风筝的孩子
牵引着奔跑的视线

“远方在哪里？
远方有多远？”

而电线上站立的一排喜鹊
并不理会婚礼的车灯
打双闪的仪式感

2022 年 3 月 12 日

大屋余湾

隐身乡野的都市人
在大屋余湾
扯细如发丝的野韭菜和壮硕的藠头
看着墙上的水粉画
和高杆石楠边的铁栅栏挂着的盐渍鱼肉、梅干菜
憨笑

高傲的走地鸡
望着文化长廊的香茗客
咯咯叫唤
而热烈的番鸭
在池塘一角
守着孤独的钓鱼翁
缓慢移动
不羡塘心腾飞的白鹅划过乡墅的倒影
不看散落田野的彩色小屋

外来者跟随农人
于丝滑缎带上
抱回
有机菜、果冻橙和无花果
堆满乡村大舞台

2023 年 4 月 1 日

麻成海

大理石门楼前
站立顶着荷叶的孩童雕塑
它的民居在徽派建筑的白墙黑瓦之外
添上青春的、樱花的
标签
云天、蕾丝边

“一座房子就是一处
江南园林！”
而自来水管代替古井
一直通向运动场、枕河

村尾古戏台罩着
消失的莲花步、步摇、马车
代以机车摇滚、轿车的车载、说唱

你哼出的流行曲
代替咿呀呀的黄梅戏

归来的不是女驸马
是游子
和 AI 的娘子

2023 年 4 月 1 日

青春村的樱花雨

避开太阳下樱花雨中
整齐划一的中老年抖音
拜访田埂那边的花邻居：
桃花梨花下
穿汉服的女子左手撑着油纸伞
右手扯着野韭菜

青春村的老鹅
扇动双翅
守着领地

它的花瓣
覆盖池塘、天井
和诗人在樱花树下的青春与诗句

2023 年 4 月 1 日

紫藤教育

神秘的、高贵的
被阳光，或雨水
沐浴的紫
紫藤
紫藤长廊
被身体的织机
穿过

当蜜蜂飞过
风携着她落在流水或瓷器中
或在伤痕中成为手写体书笺

避开随性优雅
而赢得别样的材质——
非棉布非丝绸
而是你攀行的紫色台阶、梯子
和你肉乎乎的叹息
紫色缠绕的身姿

2023 年 4 月 1 日

螃蟹山听雨，和首饰直播

没有渔民和火枪手的湖中小岛
祥和安宁

鱼儿多次跳出水面
水鹭和雨燕欢唱
而野兔多次路过并张望我的天幕
雨水唰唰落下

不是摩托，是滚雷
在远方的湖面
不是无人机的嗡嗡声
是敲打树桩

而天幕之下
躺椅中的寂静
送来抖音直播
“七七的半旧情怀啊，
我是鲁班的姐姐呀！”

你不能招停坐上路由器的
快递火箭
无法截流首饰工具
只能用指甲和蛮力
修理蜻蜓点水的耳饰
与行走的胸针

“你今天怎么了？一直在煽情。
美人制造的
极限词和虎狼之词
比如，她称一款中古项链为
‘法海你不懂爱’！

“满镶的宝石，或半宝石
使用的渔钩扣
或 OT 扣
石头路、坦克链条
但这是方向盘！”

乌纱的流苏
暗示官职的大小
但你是闲士

头痛欲裂
主妇啊，你的耳饰有门帘的摇曳！

2022 年 6 月 18 日

拍摄半边荷塘

我们的车只走半边路
（另一半维修中的路用石块隔开）

半天到达法泗荷花湿地公园
中午的长枪短炮不断变焦
拍摄异装的荷花仙子

赏花路炙热而寂寞
打斑点伞的白衣女子
不穿古装也不背古诗词

跟拍她的相机
爱她身体里的每一位公主
和陪伴她们的荷花

我为这位专情的摄影师
举了一柄荷叶：“嗨，你该配合媒体
去拍半边荷塘上抖动的绸扇和肚皮。”

2015 年 7 月 17 日

春雨中遇见教堂

从红叶的秋天初遇
到粉樱的春天约会
掠过白玉兰中教堂的轻风
掠过桃花梨花的细雨与歧义

以樱花短暂的美学掩映的
安山
招徕你

这个三月
大雨压境　小雨过肩
在雨中湖面看到的悲凉
像病中母亲脸上的悲凉

而她玄学的眼神与叹息
是扎着心的针
补着流水绣着落花

清单和嘱语
搭上白云
顶着玉兰的火炬与教堂的穹顶

2023 年 3 月 30 日

安山老街

从超市出来的风衣
和从渔店出来的蓑衣
相逢于
基徒堂、理发铺、杂货铺
相邻的路口

装土特产的木板车
相向于坐观光客的小包车

人和商店的旧楼下
坐着理韭菜的老祖母

门外的灯笼、挂饰、机车
区别于屋里的油灯、窗花、流苏

“西红柿、藕带、玉米穗……
老街里还有什么？”

一边是十字架
一边是菩提树

2023 年 5 月 14 日

在安山郊野公园的吊床上午寐

卸下整个安山的春天
和沿途惊喜或倦怠的审美
在郊野公园的树间挂上吊床
夏眠

去掉草帽、鲜花、书籍站台的
野餐仪式

收缴伐木工的钢铁锯
借树荫的宽阔怀抱沐浴
饮清风入梦

……铿锵玫瑰
避开了
恒久流传的庄周之蝶、赖特之蝶、一双梁祝
和护林员开出的洒药机

你鼻子翕动
仿佛领受延绵的花露水、芳香剂

2023 年 5 月 14 日

湖边绘鸟记

画下斧头湖
漫长的湖岸线
瑰丽的天光
摇曳的水草
之后

大手笔绘出：
铺天盖地的
从西伯利亚、蒙古或澳大利亚过来
越冬的水鸟

对于栖在肩头
走在越野车顶
抢食小鱼
的它们
再逐一细画

调色接近它们的本色
一如天光接近水色
鸟儿不说话
一直唱自己的歌

2023 年 4 月 1 日

安山湿地的鸟儿们

它站在我头顶
它站在我肩上
它站在我手臂
它站在我手心

它当我是芦苇
它当我是稻草
它当我是岩石
或静立、或啄吮、或跳跃

它当我是我时
就调皮地叫着：
“你抓不到我！你抓不到我！”

一个误入鸟栖地的自闭者
看着它们的航线指示牌，惊讶不已：
“鸟儿迁徙蒙古线 1978km；
鸟儿迁徙西伯利亚线 3988km！”

而我从都市迁徙过来
只有六十公里
只需一小时

2023 年 4 月 1 日

傍晚的安山枯竹海

枯竹海边
倒扣的木船
先后站过
一群候鸟
两位游人
几只土狗

和摇摆的茫茫芦苇

岸边民宿的高树上
顶着一幢鸟巢
居民来自西伯利亚，或澳大利亚

鱼至岸边
嬉戏
废舟安于荒寂
夕阳艳于野火

无语的人
朝浪花与虫鸟
打着响指

2023 年 4 月 1 日

访新窑村

替白泥湖东北岸的水码头遗址
集散过的手工艺、青瓷、釉陶
访问诞生它们的子宫——

“九九归一，终究未能筑成孕育天子的那一座！”

惆怅的访古者寂然走过
史传
断墙
古居
供销社
现代楼房
在杂草岗地上驻足

——这些被虫鸟、鸡鸭涉足的窑址
曾贡献出故宫博物馆里无价瓷碗刻印的“江夏郡”

而门楹上刻拓的世保人家
摇曳着古意的风铃，而非倾慕现代的耳饰

菡萏深藏、柴门紧闭
我们竟然找不到一位可以问访的人

2023 年 5 月 14 日

在湖边智能舱望天空

直观上的太空舱
岗亭
被斧头湖、木栅栏、马鞭草、大滨菊
驻守

智能密码锁住的透明室
有极简家具：
沙发、电视、帐篷、衣帽架、双人床……和天空幕

投影里有树叶下躲雨的小蜘蛛
磨刀石、沙子或雨点扮着珍珠的玻璃

被阻碍的光所昭示的锋利
投射你激动的身体
和湖面

借助
户外烧烤的香气
镭射摇滚的节奏
碎片写作的灵感
你赋予流浪以
美丽的天空、家园
与爱情

2023 年 5 月 14 日

速写于零点艺术农场

由山坡机场出发的飞机
驶过
零点艺术农场头顶的日晕
野钓的斧头湖珍藏它滞后的波音

勘探员测过网红清脆的打卡
情人岛上无情人
有俊俏的鸡鸭
骄傲的白鹭
和你画入塘中的鸳鸯

碎石路两侧
一边是馋人的枇杷
一边是诱鱼的玉米粒

白色的大蛇床旁
抽枝出
紫粉的小蛇床——自然的惊喜

所以我的画
没有无中生有
没有节外生枝

2023 年 5 月 13 日于武汉零点艺术农场

大咀渔业村所见

渔业村没到开渔节
白色、粉紫色的蛇床掩映的茄子苗、观音菜、酸模地里
是劳作的祖母
她以衣袖擦额头汗的间隙
抬眼看湖中祖母绿的天鹅

斧头湖大桥为京港澳高速举起它的地标：
土地堂、人民公社

长于或同龄于蹒跚祖母的建筑
斑驳、寂静
有眩目的白、青、黄

航行靠舵的人
双手合十的人
寂然走过村委
或炙阳下树荫里的渔网、蓑衣、石碾
……这些和祖母的目光
都是文物

只有你们轧过石板路的轿车
是突兀的入侵物

2023 年 5 月 13 日

手绘农家畈

河塘、树木、青石板路、雕栏门户
高飞的风筝下的古枫树
番鸭守护的畈泉古井
……一一按它们的方位绘出

可以将村头创意围墙上的石磨
绘成三角梅或牵牛花掩映的孔方兄

天空飘浮云朵金球
地面围着田野阡陌

再绘一根脐带连向梁子湖

2020 年 12 月 6 日

被多色油菜花围绕的云稼慢乡

前年的湖边荒野
今年变成了楼台水榭
和自嗨营

金色油菜花
被紫色、橙色取代

连婆婆纳
也过上了滤镜
或换颜的生活

蓝天白云
罩着“你怎么这么美”的音乐

为了昔日的壮丽
我腾空了三面墙

去呼应清澈的湖水
和它的苍茫

2022 年 3 月 19 日

竖立诗歌展示牌的云稼慢乡

去年的多彩油菜花
站成了今年的棕色诗歌牌

湖畔营地水杉、帐篷
各自收纳
由风传递的烧烤味或抖音

千里之外带来渔具的诗人
热衷于梁子湖边放生

像写下又放置的诗
不旅行
只偏爱它出生的白纸

绘者避开路边塑料花
画下阁楼上的贝壳床罩

2023 年 3 月 11 日

春天的小朱湾

各色花和喧闹人群
簇拥的小朱湾
也被文创、墙画簇拥

桃花、梨花
挤进
你拍了很久的樱花镜头

还有奔跑中的你
踩过的落红
和呢喃的风
一起访问
头顶繁花在高墙上闭目祈福的女孩

视觉提供的灵感
绕过创意园、法学教授的藏书楼
到达宠物派对、爱情博物馆

顺时针绕过的门楼、三石生
歇过燕雀
也走过蚂蚁军团

2023 年 3 月 11 日

万里香

小朱湾的万里香
白葫芦挨着红灯笼
绣球与荷花比邻

白玉兰与栀子花
暮春初夏的联名
秋千吊床耳饰的风中步摇
一唱三叹

骑行者短暂午后的菜根谭
上了直播
地耳菜与荷塘三宝的桌遇
眼馋
曾经扎绣球花穿汉服打着荷叶的小少女

世界辽阔
你在东西还是南北？你在五湖还是四海？

2023 年 6 月 4 日

小朱湾3号诗

把走马观花
视同打一枪换一个地方
20元35发的射击
打破气球成气球的落英

古戏台上汉服的莲花碎步
闪现到人流、花丛中
地摊铺满在售的
地衣菜、花姑娘和穿古装的油纸伞

小朱湾的朱蕉与玫瑰都在笑
墙上戴繁花的少女
与墙角的老妇那么像
门栏清脆的柴门声
与轻度骨质疏松者的关节响声那么像

而萌宠的高级灰神兽
不是犬
是羊驼
是会吐口水的羊驼

2023年10月29日

牧场变形记

琳琅满目的文旅菜单上
他们的初遇地
成了隔年更换一次名字和主题的景区
那年占 C 位的
薰衣草
变为
前年的鹰猎
今年的拾光

曾经的马车、巨伞、茶舍、信物
被热气球、小火车、稻草牧场、藤蔓花架、爱情花墙
疯狂动物城
替代

薰衣草紫雾中的眼波流转、耳边呢喃
被北极光、星际迷航、烟花秀、波普表演、艺术灯展
替代

相依相偎
被坐着马卡龙色小火车经过芳草花田的网红游乐
替代

而经年记录的时光标本里
彩虹路
代替泥沙路、石子路

玫瑰花、绣球花、马鞭草、毛地黄、孔雀草、矮牵牛……
的大拼贴
代替薰衣草的无尽蓝

大疆 Mini 3 Pro 无人机的 2 倍变焦
替代单反
莱卡
以希区柯克式运镜拍摄
狂欢的嘉年华

幸存的湖边栈道、复古红墙、松鼠小镇
并没有幸存一对羞涩恋人

2023 年 6 月 5 日

龙湾半岛遐想

不提武汉维港和小马代的美誉
来者只是喊她的本名
龙湾半岛

春光明媚的下午
关于诗歌、哲学
旅行与文化的争论
将进入日记、书信、融媒体

时光巴士经过的物哀、樱花、梨花
可能是浪漫之物
但油菜花不是
它甚至不是衣装的饰物
不是背景
她是我们敬畏之人
是肃立的墓碑

“所有黄色映照的
都有纪念碑的庄严！”
沙滩、秋千停摆码头的逆风
同色的气球、靶子
命中一颗羞涩的心!

2023 年 3 月 12 日

寻访一棵三百六十多年的罗汉松

乡道两边小丛摇曳的马鞭草与美女樱
以紫色作裙带装饰身旁耸立的葱郁绿

进深几十米是两湾土黄墙身青灰墙群的民居——
新屋罗湾

“这么新的村庄会有一颗三百多岁的古树？”
求问一位婆婆，她姓罗：
“政府做的外墙装修！
“我带你们去看罗汉松。
它是363年前，武状元的族人栽的！”

耸立于前湾后园后湾前园的
罗汉松是绝对的正能量、高富帅

我多方位仰视拍摄之后
避开吠过来的土狗
弯腰系落枝绊住的鞋带

2023年5月14日

（360多岁的罗汉松，由当年进京赶考落榜、后来重返考场考上武状元的族人亲手种下，寓意“东方不亮西方亮”。据说武状元第一年考文状元落榜，第二年考中武状元！）

新华农庄

敲响新华钟之后
他们跑过整个农庄
一一对照游玩指南
玩遍所有的项目：

骑马射箭、急速越野、真人 CS、虎门炮台
湖畔游船、瓜果采摘、天幕露营
……

一一拍照，并将
风车小屋、火烈鸟、粉色草莓、桃花水母
的图集
设置成电子影册的封面

走出农庄前
他们收获了一部厚厚的欢乐辞典

细心者还加了备注，比如：
竹篱上的伞开成各色牵牛花
湖边银杏树的倒影牵着云朵的公主战马

2020 年 12 月 6 日

东篱老屋

看过水上高尔夫、山地越野车之后
过独木桥
回访巨大草坪上的各色天幕、帐篷
看情侣大片或亲情大片里
宫崎骏的天空
莫奈的草地上的午餐、湖中睡莲

鼓动二次元少女捡起古老的手艺
变身为磨坊里的姑娘
激励新浪潮男孩在原木房青石板的烟雨里巷
写山水诗绘乌托邦

而我，在东篱老屋
不等陶渊明，不等菊花
我只等你，等栀子花开

2017 年 10 月 3 日

摄影家和诗人的耕读庄园

它的灰色石刻 Logo 和彩色木质栅栏
被选作了
摄影家当日的街拍题图

而进入诗人笔下的是
他们的躬耕、朗读、畅谈
她们的烫金马面裙邂逅欧根纱蓬蓬裙
的湖心长廊和清吧茶室

随处可见的小南瓜、枯莲蓬
和田园美图

而童声诵读
将水印的小蝌蚪演绎成阵阵蛙鸣

2018 年 10 月 13 日

走过鼎园

在简欧咖啡馆前
看各种鼎的露天博物馆

它们是顶立的模型
它们的祖类真身
以问鼎的豪气鼎立于史

旁立的盆景
像谦卑而欢乐的人群

拥挤的石榴花也享有仰脸的权力
种植与采摘也享有

嬉戏的孩童从生态园采摘瓜果之后
又举着荷叶伞跑过池中长廊

而精品团建与各类游戏：
真人 CS、攻防箭、创意拓展、趣味运动会
皮划艇、露营烧烤 BBQ

……这一切在你的视频里
就是活色生香的
全人类

2022 年 5 月 7 日

青白瓷博物馆

轻慨叹与飘逸体的
前言和后记
在长江岸、夏水边
跳游着中华鲟、河豚
蜜蜂、蝌蚪
和视域牵引、美学教育

携着瓷器史和艺术史的青白瓷
印着青天之青白
我之清白

和不容置疑的咳嗽与回音
被割伤的眼泪和手指

2023 年 3 月 11 日

青白瓷

兜着青白瓷的耳饰
如兜鸡蛋的竹篮
发光的旋转风车
如顶在头顶的皇冠

这似乎是童年
趴在父母肩头
看到的世界
说给你听
是想乘云朵飞翔
打捞水底的蓝天

但群山挽我双翅
如你挽我长发
“就在高处看银河，
任水携着长天赴大海！”

2023 年 3 月 31 日

锦绣山庄

青白瓷遗址
山水诗新迹
之古意新韵随拓展训练的欢乐或悲伤
由风、窗户
拓展到室内

丹青绘与手写体的灵感伴侣
在观音的慈目下
或瓷盘拓印树叶的摇晃中
点上眉心痣
和滴泪痣

她们定制的鸿篇
在后来的锦绣里

2023 年 3 月 11 日

去牛山湖

俯首日常
忘记望天空
忘记夜晚的天空还有一轮明月

不出小区
不知道武汉的郊区还是春天
不知道江夏的青山村有一片广阔的湖面
湖心有个孤独屋

那天我在网上邂逅
及至周末驱车前往
走过一个村庄、一片荒草地
到达湖边沙滩
望着那座孤独屋发呆

我发呆的样子被抖音上的朋友说：
“你好开心，好诗情画意啊！”

他们不知道我背对着镜头
泪流满面
不知道我穿过了
鱼尸、贝壳、碎石、可能藏着的蛇

2022 年 5 月 7 日

77号公路驿站

由77号公路
去义门陈、青山村

祖居地、孤独屋
有桑椹、樱桃
和入院的荆棘

我在驿站撞见的故友
带着新欢
不得已避开

退让到百米之外
又遇到水边的野枇杷
砸中水中的野鸭

不，有暗疾的天鹅

光阴的离弦之箭
把阳关道
射成独木桥

2022年5月7日

孤独屋

碎石、沙粒、树木
茫茫的水域是地基也是邻居
轻柔的面料与微风是屋旗也是远亲

我站立的湖边
没有船只，有审美的直播：
“最孤独的小屋，
优美地高于湖面，
傲立于波浪的掌声之中！”

“我已经找不到极限词来形容它了。”

“拍客派出的无人机，
有没有惊动你发呆的头颅？”

我绕过喧闹的人
在僻静的一角
远远地望着你

等人群散尽
我将托一只鸽子
捎去你此岸的足迹

2022 年 5 月 7 日

湖边的朗读

初夏，她读诗给湖水听

伴奏伴舞的野鸭、灰雀、白鹭
也当了听众

同时当听众的女孩
把首饰店有张力与表现力的花朵
跳成小男孩扔出石子的水漂

鸟儿的红色高跟鞋
红色高跟鞋
跳成渔民的长桶水靴

鱼儿的咕噜声
给朗读以雷声般的背景音乐

2022 年 5 月 15 日

在湖边看珠宝首饰店的直播

她邂逅的直播间
蜂鸟在珠宝首饰店
沐浴水晶的折光

他说，他培育的
不是珍珠
她拍的也非首饰

是珠宝级的赛璐珞
和泥浆色的珠宝打样

是大海、眼泪
和溺水者的呼救气泡

天幕下的大滨菊
轻抚发呆者的面庞

他说，这湖边贝壳的将来
是你浮夸的胸饰

2022 年 5 月 21 日

湖边露营记

酷爱影像记的人
一路修图
用美颜术、防腐木，经最美公路到露营地

湖水、星月、篝火、音乐
摩托、越野、查码人、巡夜车
……掉在沙滩上的香水小样和湖面跳动的小鱼
一起闪光
夜鸟攀飞
弦月投在湖面的光柱和对岸的大面积烟火

童音追着
夜歌中的孤勇者、破旧布偶、面具和怪兽
挑战父辈的悲怆晚风与斑驳旧梦

露大投影的战事
在遥远的北方
也在近处的相爱的父子母女之间

……但终究是倦了！
终归是稚嫩的童言还不能传达孤勇！
但可以围着篝火歌舞
可以在树林里捕捉闪烁的萤火

2022 年 10 月 1 日

初夏的慢漫露营地

走出直播间的珍珠赋
到湖边的露营地

看钓鱼的人
摸虾的人

那个坐在野菊边的女孩
在视频远方

奥斯卡的重工花朵项链
有丝绒的延长链

琉璃的冰淇淋
和树脂的天堂眼

你看见的琥珀萤火虫
在常春藤的背后

轻风翻动的湖边书
有香水之毒

你吟诵的诗句
是我前世写出

2022 年 5 月 21 日

悦湾庄园

他们写诗，把远方移到身边
他们画画，绘制美丽明信片

克莱茵蓝的天空，薄荷曼波的草坪
多巴胺的装置，美德拉的秋千、屋顶

你看
草坪上樱花粉的靠椅、电话亭、婚车
和湖边吹向心里的轻风、拂向眼里的微波

诗者明媚而磁性的用词
绘者纯净而多彩的运笔
被对着暗红色大门的蒂芙尼蓝跑车引领

是海蓝、是湖绿、更是蒂芙尼蓝
对，蒂芙尼蓝，双鱼座的幸运色

她加了童话小屋
他加了天幕帐篷和通向影院的紫色花径

而童音握着马卡龙笔
开出火车和帐篷节

2024 年 4 月 14 日

蓝波湾水文化庄园

我确定我拍摄过
有磁性旁白的黑白和彩色交替的短片

各色花朵和草铺垫的湖岸线和大地
牛羊成群

有人在草原上骑马射箭、放风筝
有人在天幕下饮酒、摇滚、写山水诗

蓝天白云蓝波湾
紫花拱门蓝波湾
南瓜马车蓝波湾
烧烤撸串蓝波湾
萌宠逗趣蓝波湾
星光撒野蓝波湾

你们沉醉的样子蓝波湾
蓝波湾蓝波湾蓝波湾
而我独爱紫色的薰衣草和白色的大滨菊

看到波浪摇晃着帆船
我突然想起搁置在黑森林里的醉舟
被诗人爱着的万顷蓝波

2022 年 5 月 22 日

天子山秋色赋

它的叶子，与它的果实
比如红叶石楠与火棘
有相同的颜色

而一坡的牛筋草与它们头顶的天空
是靛蓝与青蓝

河塘的枯莲，灰偏蓝
水葫芦的花，蓝偏紫

临湖有幢蓝房子
主妇的青绿衬衣与粉红裙子
对应门前栾树的树身与花朵

而她阳光下的头发
在与稻谷同框的镜头里成为金色

……这么多远亲近邻
簇拥着灿烂的秋天

而茫茫湖水模糊了地平线

2020 年 10 月 25 日

枫香云堡

千花遇到洛绘

四色栅栏上
架着七色彩虹

我先省略手机里的直播
再洗去面膜

晚风、晨雾的沐浴露与身体乳
吸着麻辣的烧烤

她们从早晨徒步到中午
我在草坪上晒太阳

沉默、发呆
回到了三年前的
贝加尔湖畔

2021 年 11 月 27 日

南桥记

天子山大道
绿化带旁的古桥
在青白色之外的红砂石间
嵌入青条石补丁
铺长
绿植图案、青苔
皱纹、独轮车碾压的深深凹痕

像海螺收集
消失的寺庙香火、码头街市

客栈、饭铺、茶馆……的灯笼
换移成古道新村上空的风筝
高压线吱吱的电流
鸣于茶叶、瓷器经由的渡口引力场
背景于小曲、鸟语蛙鸣
烘托出小憩的驿站

日出江夏
手摇芭蕉
古桥几百年的刻笔
雕筑了无数的商贾、官人、庶民

2023 年 5 月 14 日

海洋村的诗人生活

是乡村
是乡村的海洋叙事

是鹅
是鹅的曲项天歌
而非褪掉塑身衣的优雅天鹅

是青砖竹影下的咖啡与茶
而非古筝与箫

是指屏的手指
而非眷恋的手写体

波光粼粼啊——

一年四季照着镜子的枫树
及枫树下的小木屋

这些都被摄入阅读空间的
诗人生活

“鹅蛋五元一个。”

2021 年 11 月 27 日

梁子湖边再遇水浮莲

度假者视梁子湖为泸沽湖
三亚
或灌篮高手的小镰仓

而我只是把它
当作喂养武昌鱼、白鹭和天鹅的姐姐

收纳我从天而降的脚步声或雨水
容我安静地
看着她唱歌或发呆

我们在转角
遇到的古村落和湖边站牌
立过燕子、喜鹊
与湖鸥

姐姐，它们也一直在找你

2021 年 11 月 13 日

青山岛的另一侧

半小时的碧波船程
觅到的天涯与隐居地
用来洗伤口、晒太阳
或播高分贝的慨叹与摇滚

借用拖拉机式的机车
过绿壳悉尼、彩虹廊桥

和铁锈红钢虾、蒂芙尼蓝贝壳的合影
像荒诞的落地
与飞天

掠过纪念园鲜花的
无人机
看钓鱼翁与美食家
享用的大小白刁、武昌鱼
争抢口福与水墨

水波上
上岛码头和离岸码头的浮板
像 T 台
闪耀着华表式的光影和泡沫

2023 年 3 月 13 日

青山岛的猎豹

穿着厚薄不一的夹克或羽绒大衣的考察者
登陆于青山岛的野渡
像一阵寂静的风
走进寂静的树林、枯草丛、木屋边

当场景转入红色、黄色的枫树、乌桕时
我们也鲜艳热烈起来

引路者被称为岛主
我因身着黑底大白圆点燕尾式羽绒大衣
而获得猎豹之名
——这势必成为她传记的另一身份

我曰：女猎豹!
身边的画家说：雌猎豹!
走在身后的小说家说：分明是海豹!

“反正是豹，不是少女不是老妪就很好！”
“这里没有观光车，
没有遍地的帐篷和高飞的风筝!
——真好！”

这是在梁子湖的青山岛
我们接受被推荐的连排屋、刁子鱼、岛民身份
暂停原名，重新命名

并给青山岛岛主圈定一排木房
以便在奔腾中也保留荒野感

像此刻，密集的苍耳
驻扎进我们的裤管、披风和诗章

2023 年 11 月 26 日